SYNDICATS

CORRUPTION, DÉRIVES, TRAHISONS

SYNDICATS
CORRUPTION, DÉRIVES, TRAHISONS

ROGER LENGLET
JEAN-LUC TOULY

FIRST
Editions

12, avenue d'Italie
75013 Paris
Tél : 01 44 16 09 00
Fax : 01 44 16 09 01
Courriel : firstinfo@efirst.com
Internet : www.editionsfirst.fr

ISBN : 978-2-7540-2253-8
Dépôt légal : septembre 2013
Imprimé en France

Ouvrage dirigé par Laurent Boudin
Secrétariat d'édition : Capucine Panissal
Correction : Sophie Harinck
Couverture : Hokus Pokus
Mise en pages : Romain Poiré

DES MÊMES AUTEURS

OUVRAGES DE ROGER LENGLET

24 heures sous influences – Comment on nous tue jour après jour, Les Éditions nouvelles François Bourin, 2013.

Un pouvoir sous influence – Quand les think tanks confisquent la démocratie (avec O. Vilain), Armand Colin, 2011.

Menace sur nos neurones (avec M. Grosman), Actes Sud, 2011.

Europe Écologie – Miracle ou mirage ? (avec J.-L. Touly), First, 2010.

Lobbying et santé – Comment certains industriels font pression contre l'intérêt général, Pascal-Mutualité française, 2009.

L'Argent noir des syndicats (avec J.-L. Touly et C. Mongermont), Fayard, 2008.

Profession corrupteur – La France de la corruption, Jean-Claude Gawsewitch, 2007.

Sarkozy vu par les Français, Pascal, coll. « Les doxologues », 2007.

Ségolène vue par les Français, Pascal, coll. « Les doxologues », 2007.

L'Eau des multinationales – Les vérités inavouables (avec J.-L. Touly), Fayard, 2006.

Le Dernier Mot (avec A.-F. Hubau), Librio, 2006.

Silence, on intoxique (avec A. Aschieri), La Découverte, 2005.

Tabac – Arnaque, danger et désintoxication (avec M. Langre, Dr Topuz *et al.*), Librio-Mutualité française, 2004.

L'Industrie du mensonge – Lobbying, communication, publicité et médias (édition complétée de *Toxic Sludges*, J. Stauber et S. Rampton), Agone, coll. « Contre-feux », 2004.

L'Eau de Vivendi (avec J.-L. Touly), Alias, 2003.

Repenser l'offre de soins – Pour une véritable politique de santé publique, L'Atelier-Mutualité française, coll. « Horizon Santé », 2000.

Des lobbies contre la santé (avec le Dr B. Topuz), Syros-Mutualité française, coll. « Société-Santé », 1998.

Qui décide de notre santé ? (avec F. Desriaux, sous la direction de M. Cassou et J.-M. Schiff), Syros, 1998.

Les Enjeux du médicament, Mutualité française, coll. « Horizon Santé », 1997.

L'Affaire de l'amiante, La Découverte, 1996.

Les Ignorances des savants – Essai d'épistémologie (avec T. Ivainer), Maisonneuve et Larose, 1996.

Le Griffonnage – Esthétique des gestes machinaux, François Bourin, 1992.

Sous le pseudonyme de Pierre Simon :

Les Drogues (avec W. Lowenstein *et al.*), Librio-Mutualité française, 2005.

Le Dico de la santé – Déchiffrer le vocabulaire médical au quotidien (avec M. Langre), Librio-Mutualité française, 2005.

Sites pollués en France – Enquête sur un scandale sanitaire (avec F. Ogé), Librio, 2004.

Des mêmes auteurs

OUVRAGES DE JEAN-LUC TOULY

Le Vrai pouvoir d'un citoyen (avec A. Du Genestoux et R. Lenglet), François Bourin, 2012.

Europe Écologie – Miracle ou mirage ? (avec R. Lenglet), First, 2010.

L'Argent noir des syndicats (avec R. Lenglet et C. Montgermont), Fayard, 2008.

L'Eau des multinationales – Les vérités inavouables (avec R. Lenglet), Fayard, 2006.

L'Eau de Vivendi (avec R. Lenglet), Alias, 2003.

Contributions :

Manifestes pour l'eau publique (sous la direction d'Anne Le Strat), Fondation Copernic-Syllepse, 2009.

Ensemble sauvons notre planète (ouvrage collectif), Guy Trédaniel, 2005.

Anticor, n° 3, *Pour une nouvelle démocratie* (ouvrage collectif), Le Bord de l'eau, 2004.

L'Eau – Res publica ou marchandise ?, Riccardo Petrella, La Dispute, 2003.

Enquête au cœur des multinationales, Attac (avec G. Menahem), Mille et une nuits, 2001.

Lobbying Planète Bruxelles (avec l'équipe de l'AITEC), 2010.

Corruption, stop ou encore ? – Manifeste pour l'action citoyenne, Séverine Tessier et François Gargan, Lignes de repères, 2011.

Aux syndicalistes en lutte

LES AUTEURS

Roger Lenglet est philosophe et journaliste d'investigation. Il est membre d'Anticor (association de lutte contre la corruption, fondée par Séverine Tessier et dont le comité de parrainage est présidé par Éric Halphen).

Jean-Luc Touly est délégué syndical et conseiller prud'homal Sud de la section commerce du conseil des prud'hommes de Paris, conseiller régional Île-de-France et conseiller municipal à Wissous (91). Il est aussi porte-parole de l'Acme-France (Association pour le contrat mondial de l'eau), membre du conseil d'administration d'Anticor depuis 2010 et responsable du secteur eau de la fondation France Libertés Danielle Mitterrand. Il est lauréat du prix Anticor 2006 pour sa lutte contre la corruption des élus.

REMERCIEMENTS

Nos remerciements vont à Christophe Mongermont, Sylvie Delabit, Serge Vallot, Alain Bonnet, Malika Duraud, maître Emmanuel Burget, maître William Bourdon, et à tous ceux qui, lanceurs d'alerte et/ou syndicalistes, nous ont apporté de précieux éclairages et témoignages.

Un remerciement appuyé également pour tous nos proches et amis qui ont accepté le sacrifice de notre disponibilité : Pascale, Nicolas, Andréas, Hippolyte, Micheline, René, Suzanne, Anne, Robin, Émilie, Achille, Cristina, Marc'O, Gilles, Karin, Simon, Pierre, Marie, Laurence, Philippe, Marie B, Anne-Marie...

« La CGT regroupe, en dehors de toute école politique, tous les travailleurs conscients de la lutte à mener pour la disparition du salariat et du patronat.

Dans l'œuvre revendicatrice quotidienne, le syndicalisme poursuit la coordination des efforts ouvriers, l'accroissement du mieux-être des travailleurs par la réalisation d'améliorations immédiates, telles que la diminution des heures de travail, l'augmentation des salaires, etc. [...] Il préconise comme moyen d'action la grève générale et il considère que le syndicat, aujourd'hui groupement de résistance, sera dans l'avenir le groupement de production et de répartition, base de réorganisation sociale. »

Charte d'Amiens de la CGT, 1906.

INTRODUCTION

LE LINGE SALE

Les difficultés sociales et économiques des Français s'aggravent, mais le syndicalisme français meurt, étranglé par la corruption et la soumission des structures. Les cotisations des syndiqués ne représentent plus, en moyenne générale, que 3 à 4 % des ressources des syndicats, tandis que les directions d'entreprise et les pouvoirs publics leur en apportent 90 % et achètent ainsi la « paix sociale », les centrales syndicales troquant la défense des salariés contre un simple syndicalisme d'accompagnement, aux antipodes des luttes qui ont autrefois permis d'obtenir les droits sociaux les plus élémentaires.

Le nombre de syndicalistes professionnels a été multiplié par cinq au cours des vingt-cinq dernières années, alors que celui des syndiqués a été divisé par quatre, passant sous la barre des 8 % de la population active, essentiellement parce que la plupart des salariés ne font plus confiance à ces syndicats coupés de leur base et suspectés de travailler pour des intérêts éloignés des leurs[1]. Même les représentants du personnel se sentent de plus en plus trahis par leur hiérarchie syndicale. Cette crise de légitimité et de représentativité trouve son origine non seulement dans la paralysie de l'action syndicale, mais aussi dans les pratiques inavouables des « partenaires sociaux ».

Sur fond de crise et de tensions sociales, ce livre offre une enquête sur les coulisses du monde syndical. Il nous fait pénétrer au cœur des organisations syndicales (CFDT, CGT, FO, CGC, CFTC, Medef, CGPME...) et des grandes entreprises publiques comme la SNCF et la RATP, ou privées telles qu'Air France, La Poste, SeaFrance, Dalkia, Veolia, Orange... — pour révéler des pratiques en totale contradiction avec les discours de façade. Nous pénétrerons également dans des organismes à vocation sociale, tels que le 1 % logement, l'Agefiph et d'autres, où les transferts de fonds pour les organisations patronales et les syndicats de salariés, et autres financements surprenants, sont devenus des pratiques courantes et si ruineuses que le législateur a décidé parfois de les réformer.

Cet ouvrage épingle aussi les guerres intestines qui déchirent les syndicalistes au sein des organisations. Le lecteur découvrira la manière dont les grandes fédérations et les organisations patronales ont neutralisé les syndicalistes et les élus qui ont voulu s'attaquer à leur corruption. L'enquête montre également comment des militants osent s'opposer à leur syndicat jusque devant les tribunaux pour

1. Nous prenons en compte la multiplication des salariés en contrat à durée déterminée (CDD) ou en intérim, dont le taux de syndicalisation est seulement de 2,4 % du fait de leur plus grande crainte de représailles des employeurs. Le pourcentage de syndiqués chez les salariés en CDI est de l'ordre de 9 %.

dénoncer les malversations, les détournements, l'enrichissement personnel, les financements inavouables et la docilité des structures...

Ce livre est l'occasion de faire connaître les réactions des protagonistes, en particulier des salariés et des représentants du personnel quand ils sont trahis par leur hiérarchie syndicale. Il nous fait suivre des résistances et des rebellions de militants, qui souvent s'organisent au travers de nouveaux syndicats.

Nos investigations permettent finalement de dresser un tableau clinique du syndicalisme en France : « obésité » des structures fédératives et des légions de syndicalistes professionnels, anémie des adhésions et atermoiements chroniques des confédérations. Le bilan est aggravé par les hémorragies de militants et par des méthodes de recrutement devenues bureaucratiques et très éloignées du terrain.

Pour surréaliste que paraisse cette série de symptômes, elle conduit à un diagnostic cohérent : les grandes organisations syndicales souffrent d'un syndrome de dégénérescence caractérisé et, en beaucoup d'endroits, de corruption avancée.

La dernière partie de cet ouvrage considère l'avenir du syndicalisme français et propose des solutions pour mettre un terme à ces dérives.

PREMIÈRE PARTIE

L'ARGENT FACILE

I

TRANSPORTS ET BOMBANCE À LA RATP : LE TOURNIQUET FINANCIER

Comment s'offrir à discrétion des produits de beauté, des bouteilles de champagne à étiquettes personnalisées, des smartphones, des GPS, des abonnements à des revues équestres, des repas gastronomiques et tutti quanti sans débourser un centime ? Comment se faire rétribuer par des « frais de mission » et autres « frais de réception » à l'année en se contentant de griffonner sur une feuille blanche le montant souhaité ? Comment investir de l'argent public dans des affaires qui rapportent des royalties sur vos comptes personnels ? Et se faire payer des permanences fictives ? Il suffit parfois de faire partie d'une certaine oligarchie syndicale dans une grande entreprise pour accéder à ce train de vie. Voilà ce que nous avons pu découvrir dans le monde enchanté de certains élus syndicaux portés à la tête du comité régie d'entreprise (CRE) de la RATP. Des syndicalistes ont voulu mettre un terme aux abus en nous parlant. Une partie importante de ces frasques a d'ailleurs été également vérifiée par les magistrats de la Cour des comptes.

Quand les mauvais comptes font les bons amis

« L'organisation du comité d'entreprise de la RATP est propice à certaines dérives… » C'est par cette délicate entrée en matière que débute le rapport d'enquête des sages de la rue Cambon, qui, en novembre 2011, a créé le malaise chez les syndicats de la célèbre Régie autonome des transports parisiens (RATP). Le ton se durcit rapidement : « Les déséquilibres de la gouvernance, la faiblesse des outils de gestion et des procédures de contrôle, au demeurant souvent contournées, ainsi que les dysfonctionnements de la gestion du personnel salarié caractérisent le comité central d'entreprise[2]. » La seconde partie du rapport concerne la mission de gestion des activités sociales assurée par le comité d'entreprise ou, pour reprendre le sigle officiel, le CRE. Les rapporteurs ne sont pas plus tendres en la résumant : « L'enquête de la Cour a mis en lumière que cette mission n'était pas exercée de façon à répondre correctement aux intérêts des salariés de la RATP et de leurs familles. » Au passage, ils en livrent quelques échantillons, dont la fête organisée chaque année au château de Fontenay-lès-Briis (Essonne), propriété de la CGT-RATP mais dont le coût d'entretien est assuré par le comité d'entreprise : « Un agent détaché RATP, qui ne répond qu'aux élus [syndicaux], dépense en moyenne 447 000 euros par fête, en choisissant seul les fournisseurs dont certains pratiquent des facturations manifestement abusives, en demandant quasi systé-

2. Cour des comptes, *Les Dysfonctionnements du comité d'entreprise de la RATP*, page 13, rapport publié en décembre 2011.

matiquement que les chèques émis en règlement des fournisseurs lui soient remis, et en se dispensant de produire les pièces justificatives pour un nombre significatif de transactions[3]. »

Autre exemple, l'entreprise Alpha TP, société civile immobilière (SCI), curieusement retenue par le CRE sans réelle mise en concurrence, qui a profité de participations financières du comité d'entreprise et de travaux facturés à outrance, malgré des malfaçons aisément repérables et de piètres prestations... Alpha TP est choyée : « La société a facturé, selon les données comptables du comité d'entreprise, près de 11 millions d'euros (TTC) de travaux immobiliers entre 2004 et 2009 », dont une partie a été engloutie dans les paiements pour une rénovation de camping. Sa relation avec le comité d'entreprise est fusionnelle : son gérant n'est autre que l'ancien trésorier du comité d'entreprise, parti en décembre 2010, et la comptable de la SCI a été, jusqu'en janvier 2011, la chef comptable du comité d'entreprise. Enfin, la Cour des comptes a découvert que « c'est par l'intermédiaire du système d'information financier du comité d'entreprise qu'est gérée la SCI. Seule la chef comptable disposait d'une vue d'ensemble des flux financiers[4] ». Traduction : certains élus syndicaux ont pris soin d'organiser le système pour être seuls maîtres du jeu. Comme le dit le rapport qui fait état de la situation jusqu'en 2011 : « La direction des services techniques n'opérait pas de contrôle ni de suivi sur les paiements, alors même qu'elle était gestionnaire du budget de rénovation du camping. Le directeur financier ne disposait pas pour sa part d'un accès aux écritures enregistrées dans les comptes de la SCI et il n'a pas jugé opportun d'effectuer un suivi détaillé des versements du comité d'entreprise à la SCI. » Il est éclairant de savoir, au passage, que la SCI a été créée à l'initiative des quelques syndicalistes qui faisaient tourner le manège.

3. *Ibid.*, page 106.
4. *Ibid.*, page 79.

Passons sur les nombreux marchés accordés — sans appel d'offres — à diverses entreprises pour fournir du mobilier, des ustensiles et matériels variés pour des montants considérables, sans la moindre évaluation de la qualité de leurs prestations avant de les sélectionner. À ce niveau, il ne s'agit plus de « combines » mais d'une véritable industrie du détournement pour manger la laine sur le dos des salariés.

En lisant le rapport, les représentants des syndicats responsables (CGT, UNSA, CFE-CGC et CFDT) ont aussitôt compris que l'horizon devenait moins radieux. La mécanique bien huilée des cartes bleues à discrétion, des promotions entre soi, des transferts financiers goguenards, des arrangements avec la légalité et la direction allait se gripper... Ils ont surtout grimacé en apprenant que les enquêteurs comptaient bien saisir les autorités judiciaires, comme ils en ont le droit quand ils estiment que certaines limites ont été franchies[5]. Les magistrats comptables demanderont en effet au procureur général de saisir le garde des Sceaux, ministre de la Justice, afin d'ouvrir une action pénale. Ils précisent toutefois dans leur demande qu'« en raison des règles de confidentialité applicables » ils n'en ont pas fait mention dans leur rapport. Ce qui signifie que, si le procureur général ou le ministre de la Justice trouvent quelque raison de ne pas saisir les tribunaux, tout pourrait se régler en catimini ou avec une mise en examen minimaliste...

Sainte alliance autour du gâteau

Nos propres investigations se sont révélées nécessaires pour observer avec plus de précision la nature et l'étendue des faits

5. Article R. 135-3 du Code des juridictions financières.

pouvant contrevenir à la mission que l'on est en droit d'attendre du CRE de la RATP.

Si les magistrats de la Cour des comptes ont constaté que la RATP n'exerçait pas son pouvoir de contrôle sur le CRE, les élus du syndicat SUD avaient pu observer également de l'extérieur du CRE la réserve de la direction. « La sainte alliance des syndicats gestionnaires a pris soin de nous tenir écartés, mais il ne nous était pas difficile de comprendre que la direction de la RATP se gardait bien d'exercer son droit de regard », explique Olivier Cots, représentant de SUD-RATP[6]. « Et cela malgré l'importance des sommes allouées... » Il est vrai que le budget du CRE est dodu, c'est même l'un des plus riches de l'Hexagone. Abondé par une subvention annuelle de l'employeur fixée à 3,11 % de la masse salariale de la RATP, le montant est de l'ordre de 50 à 60 millions d'euros chaque année[7].

Sans compter les avances de trésorerie. Pour ne prendre que la période 2008- 2010, une avance de 4 millions d'euros a été consentie à la demande du CRE, dans l'attente de la vente d'un centre de vacances à un promoteur immobilier. Un montant accordé « sans chercher à analyser l'opération en cause, opération douteuse et non dénouée en 2010 », notait la Cour des comptes. La direction de la RATP, que nous avons interrogée, ne peut démentir l'arrangement mais signale que « la totalité de cette avance a été remboursée, avec intérêts, à la fin de l'année 2010[8] ».

---

6. Entretien avec les auteurs, mai 2012.
7. Il était de 53 millions d'euros en 2009 (2,811 % pour la mission de gestion des activités sociales et culturelles et 0,3 % pour la mission d'information et de consultation des salariés). Rapportée aux effectifs de la RATP (45 861 agents), la subvention représente entre 1 155 et 1 300 euros par salarié.
8. Réponse à nos questions en juillet 2013.

Ce ne sont pas les seuls actes de « bienveillance ». En octobre 2009, la direction a décidé de différer le recouvrement d'un trop-versé de 1,75 million d'euros provenant d'une « erreur de calcul » de la subvention versée au CRE depuis 2002, qui intégrait une « prime d'intéressement » injustifiée. La RATP s'est accordée avec les responsables du CRE pour régulariser la situation petit à petit. Olivier Cots ne décolère pas devant ce qui lui apparaît comme un symptôme parmi d'autres des dérives : « C'est chronique. Il est tout de même étonnant que la direction ait mis sept ans avant de s'en rendre compte. Les comptables de la RATP sont tout sauf des imbéciles : quand ils font une petite erreur sur la fiche de paie d'un simple salarié, ils la rectifient aussitôt… »

La direction de la RATP affronte aujourd'hui les faits tant bien que mal : « La prime d'intéressement, versée à l'ensemble des agents, a en effet été intégrée par erreur dans le calcul de la masse salariale, ce qui a conduit à un trop-versé de 1,75 million d'euros au CRE », reconnaît-elle. Elle ajoute qu'« il a naturellement été demandé au CRE d'en opérer le reversement », tout en confessant qu'« en octobre 2009, la RATP, en concertation avec le CRE, a décidé d'échelonner la régularisation sur cinq ans. La régularisation est en cours actuellement[9] ». Concernant sa passivité durant sept ans, elle se raidit et plaide l'ignorance : « La Cour des comptes est le seul organisme habilité à procéder à des contrôles sur la gestion du CRE. La direction de l'entreprise, comme dans toute entreprise, n'est pas habilitée à opérer de tels contrôles. La gestion des œuvres sociales relève de la seule responsabilité des élus du CRE. La direction de la RATP rappelle qu'elle n'a eu connaissance des dysfonctionnements du CRE que lorsque la Cour des comptes a rendu son rapport, en décembre 2011[10]. »

9. *Ibid.*
10. *Ibid.*

L'argument ne tient pas. En effet, le DRH de la RATP, qui préside le CRE, ne peut certes pas participer aux décisions des comités d'entreprise ni à leur gestion, mais la loi et la jurisprudence lui donnent tout de même un pouvoir de contrôle de ces décisions et de vérification des documents comptables qui renseignent sur les activités sociales et culturelles organisées par le CRE et les opérations des représentants syndicaux qui le gèrent. Autrement dit, la direction de la RATP n'est pas censée se désintéresser des éventuelles fantaisies de gestion des responsables syndicaux, elle accède aux archives du CRE et peut examiner les usages de son budget, d'autant que ses largesses sont assez abondantes pour s'en soucier encore plus. Dans sa position, elle ne ferme les yeux que si elle le veut bien ou si elle part systématiquement du principe que l'intégrité des représentants syndicaux est bien assez grande pour garantir l'intégrité de leurs pratiques. Compte tenu des sommes en jeu, on peine à le concevoir. Il faut aussi rappeler que la direction peut commander des audits. Or, on peut trouver un peu tardif l'audit que la direction a fait réaliser en 2010, et qu'il ait fallu attendre le 28 février 2011 pour qu'elle fasse signer aux organisations représentatives un nouveau protocole sur le droit syndical permettant de corriger la gestion du CRE. Une période où les enquêteurs de la Cour des comptes commençaient à s'intéresser au CRE…

À maints égards, le CRE de la RATP nous fait songer au comité central d'entreprise de la SNCF[11]. Alors que les salariés des syndicats gestionnaires devraient être *a priori* heureux de travailler sous les ordres de responsables syndicaux soucieux du bien-être de leurs employés, l'ambiance traduit une tout autre réalité. À ce sujet, il est regrettable que le bilan social

11. Voir le chapitre « La CGT déraille à la SNCF ».

de 2010 ait oublié de mentionner la mise en demeure que l'inspection du travail a envoyée au secrétaire du CRE concernant les « risques psychosociaux » auxquels sont soumis ses salariés[12]... En effet, les cas de harcèlement moral sont légion et semblent s'abattre surtout sur ceux qui n'acceptent pas les dérives. Le mot « dérives » n'est d'ailleurs pas vraiment adapté puisque, si l'on en croit Olivier Cots, « cette situation ne date pas d'hier, elle est même historique, cela fait des décennies que ça dure. La direction épongeait les dettes du CRE et ça tournait, pendant que la CGT prenait des airs combatifs pour le théâtre ». Le syndicaliste de SUD analyse cela comme « un moyen pour la direction d'obtenir le calme, de maintenir la paix sociale »...

Dans ce climat très relâché, le CRE a pris beaucoup de libertés. Notamment le secrétaire et le trésorier (CGT), lesquels tenaient à couvrir tant de tâches et si rapidement qu'ils avaient l'habitude d'engager des décisions financières lourdes — en particulier des participations dans des sociétés immobilières et des approvisionnements de restauration — sans respecter les circuits d'approbation préalable par les administrateurs...

Notre enquête nous a permis d'identifier certaines de ces entreprises, telles la SCI de Saint-Aygulf dans le Var, la SCI « le Pas del Fang » dans les Pyrénées-Orientales ou la SCI Neig'Alpes en Haute-Savoie[13]. Une délibération des gestionnaires du CRE,

12. Le bilan social omet également de rappeler la fermeture d'un des principaux centres de vacances du comité d'entreprise parce qu'il mettait en danger les vacanciers, alors que le bâtiment avait été confié à une entreprise de rénovation peu de temps auparavant. Une autre fois, des travaux ont été grassement payés alors que le site devait être rasé et que le CRE le savait parfaitement...

13. Son siège social se trouve à Arâches-la-Frasse (Haute-Savoie), station des Carroz d'Arâches, au 500, route du Mont-Favy.

dont nous avons retrouvé le procès-verbal, nous apprend que le CRE a décidé d'engager sa participation financière dans la SCI Neig'Alpes pour un montant de 1 525 000 euros, soit « 15 250 parts d'une valeur nominative de 100 euros sur un capital total de 4 555 000 euros ». Le reste étant constitué d'un apport immobilier d'une valeur de 3 030 000 euros, propriété de la Fédération des œuvres laïques de Haute-Savoie[14]. Il est intéressant de noter que cette décision a été prise à l'unanimité des élus présents (CGT, UNSA et CFDT). Au printemps 2012, ces investissements n'avaient toujours pas été retirés ni revendus, malgré les remontrances.

En interne, les élections professionnelles à la RATP, le 30 novembre 2010, n'en ont pas été troublées outre mesure. Elles ont maintenu la CGT en position de leader avec 32,1 % des suffrages exprimés, suivie de l'UNSA en progression avec 24,2 %[15]. Toutefois, on peut noter l'envol de SUD, qui atteint les 14,09 %, alors que le syndicat ne faisait que 6,4 % aux élections précédentes en 2004. Mais bien que celui-ci soit ainsi passé largement devant la CFDT (10,12 %) et FO (10,06 %), l'alliance des autres formations le tiendra éloigné de la gestion pour un moment encore.

Des responsables sur la sellette

Mais l'enquête de la Cour des comptes allait produire quelques effets sur l'attitude officielle de la direction. « Dès que la Cour a commencé à mettre son nez dans la gestion du CRE, certains se sont empressés de donner des gages, signale

14. Délibération adoptée à la séance du comité régie d'entreprise, séance plénière du 28 janvier 2004.
15. Avec un taux de participation de 65,9 %.

Olivier Cots. La direction de la RATP a demandé un audit, qui a opportunément pointé des millions d'euros de détournements, ce qui l'a conduite à s'offusquer enfin des irrégularités. » S'agirait-il de ce qu'il est convenu d'appeler dans le milieu des experts-comptables un « audit-prétexte » ? La direction jure de sa bonne foi.

Aussitôt, elle a paru vouloir montrer sa volonté de faire le ménage. Mise en scène ou épouvante sincère ? « Dans les faits, elle a alors pris soin de réduire les robinets financiers pour limiter les dépenses exubérantes qui allaient attirer les foudres de la Cour, mais ensuite rien n'a vraiment changé sur le fond », nous explique un syndicaliste. Un cadre de la RATP, ancien élu de la CFTC, lâche une confidence : « Quand on reçoit la Cour, on époussette les meubles et on remet quelques tapis en place. Il s'agit de faire un peu le ménage. Mais ça ne signifie pas qu'on prenne le risque de troubler la paix sociale... » Confirmation du côté de SUD, à visage découvert : « Il est remarquable que la direction n'ait pas pris la moindre sanction malgré son rapport d'audit accablant, se scandalise Olivier Cots. Par exemple, personne n'a osé s'attaquer aux fantaisies qui voient des agents payés pour faire autre chose que de travailler aux œuvres sociales, comme bosser pour la CGT au siège de Montreuil, sans parler des factures surévaluées payées à des entreprises amies et toutes sortes d'autres pratiques... » Parmi ces mauvaises habitudes, le responsable de SUD-RATP nous cite celles qui consistent à saisir la moindre occasion pour demander à ces sociétés de réaliser des travaux : « Un simple joint à changer constitue un prétexte : si l'on dit que c'est juste un joint, qu'on peut le remplacer tout de suite avec nos moyens qui ne sont quand même pas négligeables, on nous répond qu'il n'en est pas question et ils appellent une entreprise qui le facture à 250 euros. On pourrait évoquer d'innombrables autres exemples... »

Sa colère est fondée, et largement partagée par les salariés qui l'ont mandaté. Le syndicat SUD-RATP a d'ailleurs saisi la justice avec de lourdes accusations, déposant plusieurs plaintes pour détournements et trafic d'influence. L'une d'elle vise le CRE. À l'été 2013, l'essentiel des plaintes était toujours en cours. Le parquet a fait classer sans suite la première plainte de SUD-RATP, mais il a saisi le doyen des juges d'instruction, qui a désigné une juge, Claire Thébault. Des auditions ont eu lieu et la justice continue son travail. De son côté, la Cour des comptes qui a achevé son enquête et – le fait est assez rare pour être rappelé – l'a trouvée assez accablante pour saisir le parquet de Paris a débouché sur une procédure. Cette nouvelle plainte, dans laquelle SUD-RATP s'est constitué partie civile, a été placée aussi entre les mains de Claire Thébault.

La juge a fait procéder à des perquisitions chez l'ancien secrétaire du CRE, Marc Grassulo, et chez l'ancien trésorier du CRE, qui en est devenu le secrétaire depuis le début de l'année 2013. Au mois de juillet 2013, on n'en savait pas plus et l'on attendait encore les réquisitions du parquet…

Depuis le rapport d'audit et le passage de la Cour des comptes, la direction de la RATP affirme avoir resserré les boulons dans ses relations avec le comité d'entreprise : « Les règles relatives à l'attribution de moyens portant notamment sur les relèves accordées aux salariés consacrant du temps à l'activité du CRE et des CDEP[16] ont été systématiquement rappelées et renforcées en donnant lieu dès 2010 aux quelques mesures correctives nécessaires[17]. » Précision intéressante à

16. Comités départements économiques et professionnels. La RATP en compte dix. Les représentants aux CDEP, élus au suffrage universel direct parmi les candidats présentés par les organisations syndicales représentatives à la RATP, élisent les 24 représentants du CRE.
17. Ibid., juillet 2013.

l'heure où le projet de réformer la gestion des CE en France surgit dans le calendrier gouvernemental, la RATP tient à nous rappeler qu'elle est favorable à « une évolution des règles actuelles de gouvernance des comités d'entreprise, que seule la loi peut imposer, préconisant notamment la création d'une obligation pour les comités centraux d'entreprise de faire certifier leurs comptes et la production de comptes rendus d'action annuels précis. Malgré l'absence d'une telle obligation en l'état actuel des textes, la RATP a enjoint, en janvier 2012, au CRE de faire certifier ses comptes par un commissaire agréé et lui a demandé qu'un rapport précis soit présenté par celui-ci en séance. Les élus du CRE ont nommé, suite à une délibération de mars 2012, un commissaire aux comptes inscrit à la Compagnie nationale des commissaires aux comptes[18] ».

L'avenir nous dira tôt ou tard si cette mesure suffira pour remettre le CRE sur la bonne voie et pour faire évoluer les syndicats de la RATP vers une plus grande indépendance.

18. Ibid.

II

LE CCE D'AIR FRANCE ATTEINT EN PLEIN VOL

Une question revient régulièrement, lancinante, à propos des graves dérives des comités d'entreprise et de leurs comités centraux (CCE) : pourquoi les directions d'entreprises, qui par leur statut peuvent et doivent mettre leur nez dans les budgets des comités (ne serait-ce qu'en tant que présidents d'office des CCE), laissent partout ces pratiques empirer sans y mettre le holà ?

C'est la question que se posent en général les témoins, ainsi que les magistrats qui ont les dossiers entre les mains. Des confidences nous permettent de soutenir que cette question sert même d'argument aux patrons des confédérations quand on leur demande pourquoi ils ne remettent pas de l'ordre dans leur syndicat... Ces derniers oublient toujours de dire que le système permet d'irriguer jusqu'aux confédérations elles-mêmes, mais il n'est pas faux de remarquer avec eux que les directions d'entreprise ont le pouvoir d'intervenir directement en exprimant leurs désaccords et en resserrant les robinets lors des discussions budgétaires, alors que les confédérations restent souvent impuissantes face à leurs composantes fédératives. De fait, les exemples abondent d'employeurs qui, malgré leur droit de regard, préfèrent compter les nuages.

Des PDG qui ne souhaitent pas contrôler les CE

Il est tout aussi remarquable que ni les entreprises ni leurs organisations ne demandent jamais qu'une loi viennent renforcer leur pouvoir de contrôle et d'intervention, alors que les leaders confédéraux n'y sont pas tous opposés ! Ainsi, Guillaume Pepy, parfois consulté sur le sujet en tant que dirigeant de la SNCF et à ce titre président du CCE, a toujours répondu qu'il n'y était pas du tout favorable. À vrai dire, parmi les patrons, nous n'en avons pas trouvé un seul qui juge opportun d'étendre son pouvoir en ce domaine. On peut facilement en deviner les raisons : leur responsabilité en serait plus étendue et donc plus attaquable, ce qui les obligerait à imposer une gestion plus stricte pour éviter les sanctions. En un mot, ils prendraient le risque de se retrouver au tribunal, et le puissant narcotique auquel sont accrochés les syndicats, garant de la « paix sociale », ne pourrait plus circuler aussi facilement.

Le déficit monstrueux du CCE d'Air France offre un exemple ahurissant de la propension des directions à laisser s'aggraver les dérives avant de demander un audit. Les élus de la CFDT qui en ont eu la gestion ont sans doute tenu informé leur syndicat au plus haut niveau à peu près en même temps que la direction de l'entreprise. Reste que le pouvoir d'intervenir était légalement entre les mains des dirigeants d'Air France, d'autant que la compagnie est complètement privatisée depuis 2003, ce qui est censé décupler sa vigilance pour ne pas déplaire aux actionnaires…

Elle a pourtant laissé son CCE accumuler des pertes de l'ordre de 21 à 24 millions d'euros. Un « chiffre abyssal », pour reprendre l'expression des confédérations elles-mêmes. Soit 15 millions d'euros pour la période 2005-2008. L'année 2009, le CCE poursuivait sur sa lancée en affichant 13 millions d'euros de pertes. Des fuites trahissant les batailles syndicales pour s'emparer des mannes du comité, puis un audit réalisé par le cabinet INA et rendu en janvier 2010, ont révélé que cette dégringolade cachait des « dépenses à vocation personnelle » de ses dirigeants, comme des paiements de loyers, le maintien du salaire de deux personnes ayant quitté le CCE, des « locations de voitures sans lien avec l'activité professionnelle », des contraventions, une prime de 44 294 euros pour un membre du CCE, un « séminaire » de quatre jours à Lisbonne pour vingt-cinq personnes au prix de 15 775 euros, des dizaines de milliers d'euros de « remboursements de frais » non justifiés... Et ce ne sont là que quelques exemples.

Une compagnie très généreuse

Des versements exorbitants de la direction d'Air France sont aussi remontés à la surface. Il est apparu notamment que, outre la subvention annuelle de 35 millions d'euros que la compagnie verse chaque année au CCE, elle avait mis un compte courant à sa disposition pour lui épargner de faire des chèques en bois « lors des périodes difficiles ». Le compte a été fermé la veille de l'audit, fin 2008, débiteur de 7,5 millions d'euros. Ces pratiques ont ensuite fait l'objet d'une enquête de commissaires aux comptes. Et la direction d'Air France a décidé de ne plus aider les dirigeants du CCE à remplir le tonneau sans fond. Les responsables CFDT sur la sellette, démis de leur fonction, ont réagi en évoquant des « vices de forme » dans la manière dont l'audit aurait été conduit, lui reprochant d'avoir examiné les comptes du CCE au-delà du périmètre qui lui avait été fixé… François Cabrera, le secrétaire général du CCE qui s'abritait derrière cet argument, évitait de rappeler qu'il avait soutenu dans un premier temps qu'il n'y avait pas de trou dans le budget du CCE et que les achats personnels ou les loyers d'appartements réglés avec la trésorerie n'étaient que des rumeurs malintentionnées.

Un autre aspect mérite une remarque : la direction de la compagnie tentera de justifier son silence pendant les années de dilapidation en affirmant qu'elle ignorait complètement l'existence d'un déficit et que les comptes avaient été certifiés. Ce qui montre les limites d'une certification par un commissaire aux comptes, voire la facilité avec laquelle on peut s'en arranger. Mais les silences successifs des syndicats témoins des comptes, en particulier lors des alternances à la tête du CCE qui leur permettaient de constater de près les dérives des équipes précédentes, sont également éloquents.

Un CCE en piqué

La mise en place d'une équipe missionnée pour réduire le déficit a permis de le ramener en 2010 à 7,5 millions et ainsi de ne pas se retrouver en situation de cessation de paiement. La CGT, qui a pris les commandes du CCE, a défini un plan de redressement 2011-2014 prévoyant de vendre 30 % de son patrimoine pour récupérer 40 millions d'euros, et de supprimer sans licenciements[19] plus de 80 postes (équivalents temps plein) parmi ses 265 salariés permanents. Elle a réussi à le faire

19. Départs anticipés et mises à la retraite sans remplacement.

approuver par FO et la CFE-CGC. Le plan d'économie étendu sur trois ans prévoyait une réduction des frais de fonctionnement de 10 millions d'euros, avec une commission de contrôle sur les talons pour garantir sa bonne exécution.

Ces mesures apparaissaient a priori suffisantes pour redresser le CCE avant le crash. On pouvait d'ailleurs s'en convaincre en songeant à l'énorme parc immobilier qu'il pouvait revendre. On apprenait en 2012 qu'il proposait à la vente un catalogue de 19 résidences — un patrimoine de châteaux et de propriétés de caractère estimé à 41 millions d'euros — et qu'il sollicitait le CCE d'Areva, lui-même gros investisseur dans l'immobilier. *Le Figaro*, qui a révélé cette proposition des syndicalistes d'Air France à leurs homologues du nucléaire, se refusait à y voir un hasard en rappelant que « le très social patron Jean-Cyril Spinetta est PDG d'Air France-KLM et président du conseil de surveillance d'Areva ».

Mais la précarité du CCE d'Air France allait s'aggraver, malgré cette mise en vente, ce plan de redressement et de grosses subventions de la compagnie (87 millions d'euros au CCE et aux huit comités d'établissement en 2011), ainsi que de nouvelles procédures de sauvegarde, en particulier un prêt bancaire de 12,5 millions d'euros au second semestre 2012. Échouant à redresser le nez pour retrouver son assiette, le CCE devait affronter les conclusions d'une expertise remise le 18 avril 2013 qui affirmait qu'il ne pouvait plus honorer ses créanciers. Il était déclaré en cessation de paiement et placé en redressement judiciaire, le 23 avril 2013, sur ordre du tribunal de grande instance de Bobigny, avec un ultimatum : le CCE avait jusqu'à la mi-août pour éponger ses dettes. En cas d'échec, il devrait être liquidé.

Bien sûr, cet échouage d'un des CCE les plus riches de France ne s'explique pas seulement par l'argent finissant dans des structures syndicales et dans des poches personnelles. Les incohérences de gestion comptent sans doute pour une grande part, comme certains investissements mal maîtrisés. Il est en revanche possible de dire qu'au fil des années l'économie des dépenses cumulées liées aux flux opaques, qui représentent probablement des dizaines de millions d'euros, aurait permis au CCE et aux CE d'Air France d'éviter ce sort.

III

LE FROMAGE DES LOGEMENTS SOCIAUX

Notre enquête continue de nous apporter des dossiers brûlants. Elle révèle aussi des personnalités admirables résistant à toutes les pressions et, ce qui est plus rare encore, promptes à s'attaquer aux malversations dont elles ont été les témoins, malgré les propositions de corruption. Tel est bien le cas de Jean-Claude Duret, ingénieur chez Thomson-CSF (devenu Thales) et délégué central de la CFTC jusqu'en 2001. Il a été contraint de partir en retraite cette année-là avec une idée bien ancrée : se battre sans relâche pour obtenir justice contre les représailles qu'il a subies (mandats retirés et mise à la retraite d'office) après avoir dénoncé certaines dérives de son organisation syndicale. L'homme, ancien officier de marine et d'une moralité inflexible, s'était déjà fait connaître de son syndicat en refusant une tentative d'arrangement par un représentant de l'UIMM (Union des industries métallurgiques et minières), dans les coulisses d'une négociation menée en 1998 par Denis Gauthier-Sauvagnac pour obtenir l'accord des syndicalistes autour d'un projet retardant le droit des cadres à prendre leur retraite. Puis il a déclenché les foudres de sa hiérarchie quand il a voulu s'attaquer à une pratique courante consistant à se servir de la caisse de certains organismes publics comme s'il s'agissait du compte en banque des syndicats. Dans son collimateur, le 1 % logement des Hauts-de-Seine (92), un véritable camembert où grouillent les membres d'une oligarchie syndicale et patronale qui s'évertue à rester entre soi…

Des syndicats très frileux

Avant d'aller plus loin, il est bon de rappeler que le dispositif du 1 % logement, obligatoire en France depuis 1953, a pour mission d'aider les salariés à se loger grâce au versement des entreprises privées et des établissements publics, en principe à raison de 1 % de leur masse salariale[20]. Cette rentrée annuelle permet de financer la construction de logements ou d'aider directement les salariés qui louent leur habitation, notamment par des prêts ou des cautionnements. En 1998, le droit à cette aide a été élargi aux chômeurs. L'organisme chargé de gérer ce dispositif dans le cadre de la PEEC (Participation des employeurs à l'effort de construction) est administré par une instance paritaire que se partagent les représentants du Medef et des centrales syndicales. Le 1 % logement est l'exemple type de ce que les organisations

20. De 1 % à l'origine, le taux a commencé à baisser dans les années 1990 pour atteindre aujourd'hui 0,45 %. Jusqu'en janvier 2006, les entreprises assujetties à ce versement étaient celles qui comptaient 10 salariés et plus. Après cette date, le seuil d'assujettissement ne concernait plus que les entreprises comptant au moins 20 salariés.

patronales et les syndicats de salariés tiennent à conserver dans leur giron et sur la gestion duquel ils s'entendent à merveille. Les CIL (comités interprofessionnels pour le logement) pourraient afficher à l'entrée de leurs locaux : « Que nul n'entre ici s'il n'est pour la paix sociale... »

Doté d'un mandat syndical lui permettant de siéger au sein d'un organisme collecteur du 1 % logement, le CIL des Hauts-de-Seine (CIL-Habitation française), Jean-Claude Duret a constaté que d'étranges habitudes y régnaient. « Ces pratiques qu'il m'était impossible d'accepter, explique-t-il, je les ai dénoncées pour ce qu'elles étaient : de véritables détournements de fonds[21] ! » Scandalisé, il portait plainte en 1999. Il ignorait alors que ce geste d'indignation allait absorber l'essentiel de ses loisirs jusqu'en... 2012 !

Dans un premier temps, le patron de son syndicat signait son éviction de l'organisation. « Cet acte était incompréhensible et révoltant mais, curieusement, personne n'a osé s'indigner, pas plus au sein de l'organisme du 1% logement que dans mon syndicat », commente celui par qui le scandale menaçait d'arriver[22]. Même chose au sein de la CGT, alors que Pierre Morlier, syndicaliste CGT et administrateur du CIL-Habitation française, s'était associé à la plainte de Duret. La CGT avait lâché son propre représentant dans un document où elle tenait à signifier : « La plainte personnelle déposée par M. Morlier n'engage pas la Confédération générale du travail dans toutes ses structures. » Une manière de botter en touche au lieu d'aider son propre militant à mettre au jour les dysfonctionnements du CIL-Habitation française. La CFTC et la CGT restèrent sourdes à cette démarche bien qu'a priori la procédure ne mettait en danger aucun de leurs syndicalistes... En revanche, des personnalités de poids du Medef étaient

21. Entretien avec les auteurs, avril 2012.
22. Entretien avec les auteurs, avril 2012.

clairement mises en cause ainsi que des personnalités politiques proches du gouvernement. Malgré les lenteurs de l'instruction (l'ancien syndicaliste sera entendu pour la première fois huit ans après avoir porté plainte), la suite des événements confirmait amplement que ce combat aurait mérité d'être soutenu. Thierry Gaubert[23], président du CIL des Hauts-de-Seine (représentant du Medef), et Philippe Smadja, directeur général du même CIL (et ancien administrateur CGC du même organisme), étaient mis en examen le 31 janvier 2008, notamment pour « trafic d'influence » et « détournement de fonds publics ». Le parquet est intervenu pour contrer l'accusation et les dirigeants visés ont multiplié les tentatives pour déjouer la procédure.

Au lieu de réviser leur position, les syndicats se sont enfoncés dans leur réserve, alors que les observateurs curieux se multipliaient. Même le juge Courroye s'intéressait au dossier, lui qui n'était pourtant pas chargé de l'instruire.

Un procès instructif

Le dossier réuni par Jean-Claude Duret contient en effet assez de révélations pour que la justice se décide finalement, le 6 février 2012, soit treize années après le dépôt de plainte et de multiples reports, à ouvrir le procès de dirigeants du 1 % logement. La présidente du tribunal, Fabienne Siredey-Garnier, a rappelé en début d'audience que, sur les cinquante-trois infractions retenues par l'opiniâtre juge d'instruction Richard Pallain et qui allaient faire l'objet du procès, le parquet n'en retenait, quant à lui, que treize (et une seulement contre Thierry Gaubert). Elle a indiqué que le tribunal aurait néan-

23. Ancien directeur adjoint du cabinet de Nicolas Sarkozy, alors ministre du Budget (1993-1995).

moins à juger les prévenus pour de nombreuses infractions regroupées sous divers chefs d'inculpation : « escroquerie au préjudice de l'État », « exercice illégal de la profession de banquier », « abus de biens sociaux », « abus de confiance » et « prise illégale d'intérêts ». Des griefs qui peuvent appeler de sévères amendes et quelques années derrière les barreaux.

Thierry Gaubert, ancien conseiller de Nicolas Sarkozy à la mairie de Neuilly et au ministère du Budget, allait attirer l'attention des médias du fait qu'il était aussi mis en examen pour « recel d'abus de biens sociaux » dans le cadre de l'enquête sur l'affaire Karachi et du financement de la campagne d'Édouard Balladur de 1995[24]. À ses côtés, parmi quelques autres comparses, Philippe Smadja tentait de faire bonne figure, bien que son avenir semblait déjà très compromis puisqu'il devait être rejugé en appel dans un procès similaire, qui l'avait vu condamné en première instance à quatre ans de prison ferme et 2,5 millions d'euros d'amende pour « détournement de fonds » (affaire Le Bréau Habitat).

La 14e chambre du tribunal correctionnel de Nanterre, théâtre du procès, a entendu l'accusation rappeler les habitudes des dirigeants de cette association à but non lucratif : procès-verbaux tronqués des réunions du conseil d'administration du CIL des Hauts-de-Seine, désaccords des administrateurs dissidents jamais actés, décisions curieusement orientées, dépenses fastueuses du directeur général et du président, berlines de fonction, week-ends d'agrément, festins dans des restaurants de luxe, tels le distingué Polo de Bagatelle ou L'Espérance, le trois étoiles du grand chef Marc Meneau… Leurs avocats, Me Veil et Me Le Borgne, ont pris soin de déclarer que

24. Il est également soupçonné de subornation de témoin (pressions dénoncées par son ex-femme, Hélène de Yougoslavie, lors de son audition en 2011).

ces pratiques n'étaient pas expressément condamnables au regard du droit. Le tribunal appréciera.

Il appréciera d'autant mieux qu'un audit réalisé par l'inspection générale des Finances en 1998 a confirmé le « train de vie excessif » des dirigeants et, plus grave encore, a relevé la contradiction de cette exubérance avec la mission du CIL : « Cette activité censément à but non lucratif [...] aboutissait à l'enrichissement de personnes privées. » Les inspecteurs ont fait ressortir qu'une partie de l'argent collecté par le CIL a été canalisée vers des sociétés immobilières via des subventions et des prêts. Le hasard faisant bien les choses, les prévenus Thierry Gaubert et Philippe Smadja étaient actionnaires de ces sociétés, dont certaines étaient gérées par des hommes de paille. Une façon d'organiser « des transferts financiers vers des patrimoines privés », notaient les inspecteurs.

À la barre, sous le feu des questions précises du tribunal, Thierry Gaubert a affirmé qu'il ne s'agissait que de « conventions de prêt » qu'il croyait « légales ». Et, le plus souvent, il s'est retranché derrière une formule aussi simple que répétitive : « Je n'en ai pas le souvenir. » L'argument est un peu court. De même que l'expression : « Les bras m'en tombent », dont il a tant usé que la présidente s'est sentie obligée de lancer, lors d'une énième incrimination : « Ne dites pas encore que les bras vous en tombent, monsieur Gaubert, ils sont déjà tombés un certain nombre de fois. Vous auriez l'air d'une divinité hindoue... » La boutade a porté. Thierry Gaubert, dont tout le monde savait qu'il avait le bras long, pouvait aussi être comparé à une hydre aux multiples bras, une sorte de céphalopode prompt à projeter de l'encre pour se dissimuler, et même capable d'abandonner quelques tentacules pour échapper à la prison.

Au tribunal qui lui demande d'expliquer comment il a pu concéder autant d'argent à ces sociétés manifestement créées pour capter les largesses du CIL, Thierry Gaubert a répondu qu'il faisait confiance à ceux qui lui faisaient signer de nombreux parapheurs, trop nombreux selon lui pour les lire en détail. Le procès a fait ressortir aussi l'existence de terrains revendus avec des plus-values mirobolantes, des « études de faisabilité » ruineuses mais dont personne ne retrouve la moindre trace...

La liste de toutes ces opérations laisse aisément deviner que les deux acolytes n'ont pas été les seuls à en profiter. Elles n'auraient pas été possibles sans la cécité complaisante de certaines personnes au sein du CIL. On se demande comment le conseil d'administration a pu montrer autant de léthargie alors que les deux syndicalistes dénonçaient ces pratiques. Le fait même d'avoir été lâchés par leur syndicat et qu'on ait pu tenter de les dissuader d'agir en justice laisse rêveur.

Une confrontation avec celui que des observateurs surnomment désormais « Vishnou » a permis à Jean-Claude Duret de déclarer à la juge : « En juin 1999, Thierry Gaubert m'a donné rendez-vous à l'hôtel Marriott, à Paris, et m'a demandé de retirer ma plainte. Si je n'obtempérais pas, il m'a laissé entendre qu'il me ferait virer en jouant de ses excellentes relations avec Alexandre de Juniac, le secrétaire général de Thales. » L'ancien syndicaliste nous le confirme, preuve à l'appui : « Mon patron était son copain, on peut le vérifier notamment par ces photos les montrant ensemble en train de passer d'agréables moments dans sa villa de Colombie... »

Thierry Gaubert nie avoir fait cette menace. Reste qu'après cet échange, la direction de Thales a fait écarter Jean-Claude Duret de la liste des candidats des nouvelles élections à la fédération CFTC et l'a mis à la porte de l'entreprise[25]. Thierry Gaubert a prétendu que la rencontre avait eu lieu à l'initiative du syndicaliste pour obtenir sa place à la tête du CIL. Ce qui a fait bondir

25. En 2008, Jean-Claude Duret a fait condamner son employeur pour discrimination syndicale.

maître William Bourdon, l'avocat de Jean-Claude Duret, pour souligner l'incohérence de cette affirmation puisque ce dernier avait déjà perdu son mandat au CIL et ne pouvait donc plus prétendre à rien. Par-dessus le marché, le dirigeant Thierry Gaubert était lui-même déjà remplacé officiellement, donc dans l'impossibilité de pouvoir négocier sa place.

Le parquet a requis à l'encontre de Thierry Gaubert un an de prison avec sursis et 50 000 euros d'amende pour « abus de biens sociaux ». Il demandait aussi des peines allant de huit mois à deux ans de prison avec sursis et des amendes allant de 20 000 à 100 000 euros contre trois des coprévenus de Gaubert, dont Smadja. Le 3 mai 2012, soit trois jours avant le second tour de l'élection présidentielle, le tribunal condamnait finalement Thierry Gaubert pour abus de confiance et abus de biens sociaux à dix mois de prison avec sursis et 10 000 euros d'amende. Trouvera-t-on la peine légère au regard des sommes en jeu ? Certains estiment que la condamnation aurait pu être plus sévère s'il avait été jugé ailleurs qu'au tribunal correctionnel de Nanterre. Quoi qu'il en soit, le jugement reste tout de même significatif.

On chercherait en vain une réaction des syndicats à ce sujet, sans parler d'un mea-culpa sur leur manque de vigilance. En revanche, l'ancien syndicaliste conserve un regard aiguisé sur le dossier : « Il est édifiant de constater qu'aucune des entreprises qui versent leur 1 % patronal au CIL des Hauts-de-Seine n'ait bougé sur le dossier. Qu'attendent-elles pour réagir publiquement alors que c'est de leur argent qu'il est question ? Pas un communiqué, pas une déclaration non plus du côté des politiques concernés. Quant aux syndicats, ils rasent les murs[26]... » Jean-Claude Duret a rejoint la cohorte des lanceurs d'alerte qui ont concentré sur eux les représailles sans que leur organisation ne lève le petit doigt.

26. Entretien avec les auteurs, avril 2012.

Entre-temps, il a aggravé son cas : constatant que les organisations syndicales chez Thales ne manifestaient pas la moindre émotion sur l'affaire des frégates de Taïwan, il a demandé des comptes et des explications à la direction de l'entreprise.

Jean-Claude Duret attend à présent que le travail scrupuleux du juge d'instruction Richard Pallain débouche enfin sur un jugement « montrant que la justice est encore un pilier de la démocratie ».

Des rapports accablants que les syndicats veulent ignorer

Tout cela fait ressortir, par contraste, l'effarante passivité des syndicats, alors que, parallèlement aux démarches judiciaires de Jean-Claude Duret, les magistrats de la Cour des comptes se pinçaient le nez en se penchant sur la gestion du fromage, constatant des faits de même nature... Leurs rapports pour le moins démonstratifs auraient dû intéresser beaucoup plus l'opinion publique et... les dirigeants syndicaux. On peut difficilement reprocher à la Cour des comptes de n'avoir pas tenté d'attirer l'attention des responsables politiques sur les pratiques de gestion entourant la manne d'argent collectée par les CIL du 1 % logement et autres organismes de la PEEC — manne s'élevant à 3,7 milliards d'euros annuels, dont 1,4 milliard de collecte et 2,3 milliards de remboursements de prêts, sans compter les fonds constitués par les intérêts des prêts accordés[27].

Son rapport de 2006 et celui de 2009 contiennent des observations explosives. Dans le premier, la Cour pointait le « risque de confusion de missions et de conflits d'intérêts tenant à la compo-

27. Montants précisés par la Cour des comptes pour l'année 2006.

sition des instances dirigeantes », les « contrôles lacunaires », l'« absence d'évaluation de l'utilité des emplois des fonds ». Elle regrettait également le « coût élevé d'une gestion dispersée entre des collecteurs trop nombreux ». Rappelons que ces derniers sont à la tête de filiales et de sociétés sœurs, présents dans l'actionnariat de référence de 116 sociétés anonymes d'HLM qui représentent un patrimoine de 900 000 logements.

La Cour notait aussi au passage le silence du Parlement, alors que le sujet méritait un débat national. On peu s'étonner, en effet, que députés et sénateurs ne se soient pas saisis du problème et qu'ils fassent apparemment preuve de la même unanimité pour préférer abandonner le dossier à la discrétion des « partenaires sociaux ». L'eldorado immobilier qui se cache derrière les décideurs du 1 % logement profiterait-il aux partenaires sociaux et à la vie politique dans son ensemble ? Passons…

En 2009, les magistrats comptables se penchaient à nouveau sur les fantaisies des gestionnaires, pour constater la persistance d'une « série de contournements de la loi » et d'une « gestion mise en danger par les conflits d'intérêts et par le défaut de contrôle », illustrée par de nombreuses « confusions des responsabilités », notamment par « l'exercice par les mêmes personnes » du rôle de contrôleur et de représentants des collecteurs, ainsi que d'autres charges d'administrateur au sein de différents services où les gestionnaires pouvaient se favoriser dans l'attribution de financements. La Cour épingle explicitement le fait que les attributions du 1 % logement résultent de décisions échappant aux pouvoirs publics, au point que les partenaires sociaux passaient des conventions avec « des dispositions illégales qui ont rendu nécessaires des dispositions législatives pour les régulariser ». Il existe donc en France des structures où l'on peut faire des choses en principe interdites mais qui « anticipent » la légalité qu'on s'efforcera d'obtenir… Une manière de dépénaliser les affaires, en quelque sorte.

Les rapporteurs concluaient que l'on ferait bien de remédier sérieusement aux défauts d'un dispositif si propice aux dérives. Inutile de préciser que les dirigeants à la tête du dispositif se sont étranglés à la lecture de ces rapports et se sont montrés très hostiles à la recommandation d'améliorer le système, à commencer par une révision de sa gouvernance et une bonne clarification de l'usage des ressources financières.

La Cour des comptes est aussi intervenue sur un cas exemplaire, par un référé du 14 avril 2009 pointant les « manquements aux règles de bonne gestion des deniers publics et les défaillances de la tutelle, constatés lors du contrôle d'un collecteur du 1 %, le CIL Aliance 1 % logement, et de l'association Foncière logement[28] », un organisme également financé sur les ressources du 1 % logement.

D'autres documents auraient dû aussi pousser les syndicats à soutenir Jean-Claude Duret et Pierre Morlier, au lieu de vouloir les neutraliser. Notamment un rapport confidentiel que l'Anpeec (Agence nationale pour la participation des employeurs à l'effort de construction), l'organisme de contrôle du 1 % logement, a remis aux autorités en 2009 et dont certains détails sont arrivés aux oreilles de nombreux administrateurs de CIL. Il contenait déjà des morceaux de choix. L'Anpeec épinglait en particulier le montant ahurissant des salaires que se distribuaient les dirigeants des CIL dans toute la France. On y découvre que 19 directeurs généraux de collecteurs engrangeaient entre 150 000 et 200 000 euros par an, et 31 directeurs entre 100 000 et 150 000 euros. Trois dépassaient même 200 000 euros par an. Si les syndicats avaient diffusé ces informations, ils auraient informé les Français que travailler dans ces organismes publics locaux pouvait rapporter gros, sans

28. La Cour des comptes rappelle le contenu de ce référé en 2010 dans son rapport public annuel de février 2010.

compter les retraites chapeaux, les primes et autres indemnités. Ces avantages ressemblent bien à des enrichissements personnels sur le dos des entreprises et de leurs salariés, et font songer furieusement aux privilèges financiers que s'attribuent les patrons des sociétés cotées en bourse. Mais les fédérations et les confédérations ont préféré conserver le silence.

De manière plus feutrée mais tout aussi expressive, l'Anpeec a insisté sur ces dérives dans son rapport d'activité 2009. Ce document officiel fait état de rémunérations inacceptables de dirigeants de CIL ou, pour reprendre ses termes prévenants, « d'un montant que ni le secteur d'activité ni les usages de la profession ne pouvaient justifier ». Par ailleurs, l'Anpeec a jugé bon d'adresser aux administrateurs quelques rappels élémentaires, comme celui d'adopter des pratiques conformes à la loi, et particulièrement ce dernier : « Le délit de prise illégale d'intérêt peut être constitué, aux termes de l'article 432-12 du Code pénal, dès lors qu'un organisme investi d'une mission de service public noue une relation contractuelle avec une structure dans laquelle l'un de ses dirigeants détient des intérêts ou exerce des fonctions de direction[29]... »

Le même organisme allait rappeler que Jean-Hervé Carpentier, qui a dirigé pendant trente-cinq ans le CIL Cilova, un puissant collecteur du 1 % logement de l'Oise, avait perçu une retraite chapeau surdimensionnée lors de son départ en 2009. À l'automne 2010, ce dirigeant était poursuivi par la nouvelle direction d'Action logement (le 1 % logement réformé) pour « abus de bien social[30] ». Il n'est pas inutile de rappeler que Jean-Hervé Carpentier était aussi, de 2007 à 2009, le président de l'Anpeec, chargée de contrôler les collecteurs du 1 % logement... À la suite d'une alerte de la nouvelle direction de l'Anpeec, en avril

29. ANPEEC, *Rapport d'activité 2009*, page 14.
30. L'affaire était toujours en cours en juillet 2013.

2013, le parquet de Compiègne a ordonné l'ouverture d'une enquête préliminaire pour examiner si Jean-Hervé Carpentier, soupçonné de « prise illégale d'intérêt », a acquis sa résidence principale, une grande propriété, dans des conditions normales ou s'il a bénéficié d'un « prix d'ami » de la part du propriétaire, la société SCP du groupe Cilova. Cette vente ayant eu lieu autour de l'année 2009, l'avocat de Jean-Hervé Carpentier, Me Antoine Chatain, estime qu'il y a prescription. Quant à l'avocate de la SCP, Me Catherine Boineau, elle déclare que le prix tenait compte d'importants travaux à réaliser.

Mais syndicats et patronat observaient toujours une attitude très effacée, qui contraste nettement avec leur façon tonitruante de s'opposer aux tentatives de l'État de ponctionner le fonds du 1 %. Ils s'étaient ainsi tous rangés derrière le chef de file patronal de la négociation logement, Jérôme Bédier, en 2008, pour refuser unanimement que Christine Boutin, ministre du Logement, prélève un milliard d'euros de plus pour consolider sa politique du logement. Ils avaient aussi accepté cette année-là que le même Jérôme Bédier soit porté à la présidence de la fédération des organismes collecteurs du 1 % logement, officiellement connue sous le nom d'UESL (Union d'économie sociale pour le logement), à la place de Daniel Dewavrin, très fragilisé par le scandale de l'UIMM et de la « fluidification des relations sociales », une pratique chronique du patronat envers des responsables syndicaux et des élus[31]. Daniel Dewavrin présidait l'UIMM avant Denis Gauthier-Sauvagnac (DGS) et affirmait

31. L'affaire instruite sous l'autorité du juge Roger Le Loire a conduit à la mise en examen de Denis Gauthier-Sauvagnac pour abus de confiance, recel d'abus de confiance et travail dissimulé. En avril 2012, ce dernier refusait toujours de délivrer les noms des bénéficiaires des 18,9 millions d'euros en liquide retirés des comptes de l'UIMM. Une douzaine d'autres personnes ont été également mises en examen. L'affaire est toujours en cours.

avec lui et un ancien président de l'UIMM, Arnaud Leenhardt, que la patronne du Medef Laurence Parisot était informée de cette pratique avant que le scandale éclate. Celle-ci avait porté plainte pour diffamation, en mars 2008, affirmant qu'elle avait découvert ces pratiques en même temps que tous les Français, mais elle perdra son procès.

De son côté, Christian Gazet du Châtelier (CGC), l'ex-directeur général de Solendi (un autre CIL de France), après avoir touché une rémunération annuelle de 662 000 euros avait quitté ses fonctions avec une retraite de 130 000 euros par an et un « parachute » de 1,3 million d'euros. Un cadeau d'adieu qui n'aurait fait sourciller personne si de discrets observateurs n'étaient intervenus avant que la poudrière s'enflamme. Benoist Apparu, alors secrétaire d'État au Logement, a sollicité directement Jérôme Bédier pour obtenir que la CGC rembourse sur six mois une partie du parachute, soit un montant de 550 000 euros. Le président de Solendi, Antoine Filippi, démissionnait, poussé par l'Anpeec et lâché par son conseil d'administration affirmant qu'il avait instauré ces clauses dorées secrètement. Le nouveau président de l'Anpeec, Bernard Capron (CGPME), affirmait toutefois avec un sens des nuances apaisantes : « L'anormalité n'est pas dans la procédure mais dans les montants. »

Parallèlement, en 2008, le Medef licenciait pour « faute grave » Étienne Guéna, responsable depuis 1987 du secteur logement de l'organisation patronale. Cette dernière mettait en cause sa probité, lui reprochant d'avoir créé sans y être habilité l'association Entreprises et logement — qui percevrait des fonds du 1 % — et au motif d'« émoluments trop élevés ». D'un même geste, Laurence Parisot se séparait aussi de son directeur général, Jacques Creyssel, pour « faute grave », en estimant qu'il ne l'avait pas informée préalablement alors qu'il autorisait Anne Valachs, la secrétaire générale du Medef, à signer le

27 juillet 2007 une convention de financement spécifique « au profit de cette association » et sans mandat du Medef, contrairement à ce que prévoyaient les statuts de l'association Entreprises et logement. Ce n'était pas fini puisque Laurence Parisot décidait, quelques mois plus tard, de licencier à son tour Anne Valachs pour « faute grave ».

Les trois protagonistes allaient se tourner vers les prud'hommes. Jacques Creyssel obtiendra 730 000 euros de dommages et intérêts et d'indemnités de rupture du contrat de travail. Étienne Guéna gagnera en appel 200 000 euros de dommages et intérêts, la cour écartant la « faute grave » et reconnaissant que les documents produits par celui-ci montraient que la direction du Medef était parfaitement au courant de la création de l'association Entreprises et logement. Quant à Anne Valachs, elle acceptera de retirer sa plainte en échange d'un versement par le Medef d'une somme restée confidentielle. Restent des questions auxquelles personne ne veut répondre : pour quelle raison la direction du Medef s'est-elle soudain montrée pleine de zèle à paraître « intraitable » et à se séparer de ces responsables au lieu de saisir la justice ? Pourquoi avoir tant tardé puisqu'elle savait, comme le montreront les prud'hommes ? Outre cette affaire, ou celle de l'UIMM et ses millions d'euros de « fluidités », les secrets de famille du syndicat patronal concernent-ils encore beaucoup d'autres acteurs ?

Par ailleurs, l'association Entreprises et logement avait été validée le 4 mai 2007 par le ministre Jean-Louis Borloo, alors en charge du Logement. Elle a été portée aux nues devant la presse en septembre de la même année, lors du congrès des organismes HLM. L'UESL lui avait accordé 2 millions d'euros. Laurence Parisot avait même tenu à remercier par lettre Alain Sionneau, le président d'Entreprises et logement, pour son adhésion au Medef, tout en lui annonçant qu'Anne Valachs allait le contacter pour organiser la relation entre leurs deux structures. « Je sais quel rôle déterminant vous avez joué pour que cette adhésion aboutisse, et je vous en suis personnellement très reconnaissante », insistait-elle.

Pour parfaire le tout, d'autres rapports s'étaient montrés accablants eux aussi, comme ceux de la Miilos (Mission interministérielle d'inspection du logement social), un organisme de contrôle placé sous l'autorité du ministre du Logement et du ministre de l'Économie. À ce niveau, on ne peut plus parler de casseroles mais d'une batterie de cuisine au complet.

Finalement, en octobre 2009, les centrales syndicales se sont décidées à émettre un communiqué unitaire déclarant qu'il fallait assainir la situation, comme si elles découvraient ce sport devenu national : « Les conditions de rémunération de certains dirigeants, la mise en place de structures telles que GIE et filiales, devront être placées sous la gouvernance paritaire des partenaires sociaux pour éviter toute dérive préjudiciable aux salariés des entreprises. [...] La réorganisation du réseau des CIL doit être une opportunité à saisir pour assainir les modes de gestion[32]. » Il est rare de voir la CGT, la CFDT, FO, la CGC et la CFTC faire preuve d'une telle union. Les syndicats rejoignaient la position officielle du Medef lui-même. Par la bouche de son président Jérôme Bédier, l'Union d'économie sociale pour le logement demandait qu'on établisse « un cadrage général en matière de rémunérations » permettant d'« envoyer un message clair aux CIL ». Jean-Luc Behro, vice-président (CFDT) de l'UESL, lui apportait son soutien.

Mais pourquoi ont-ils tous attendu si longtemps avant d'exprimer ces souhaits ? De même, pourquoi ce « réveil » ne les a-t-il pas conduits à soutenir enfin la démarche de Duret et

32. Communiqué d'Apels (Association pour la promotion et l'étude du logement des salariés), 28 octobre 2009.

Morlier ? On ne peut croire que les syndicats aient omis de lire les rapports décapants et les dossiers qui, les années précédentes, risquaient de faire tomber les masques. Ces éléments ont bien été portés à leur connaissance puisque ces turpitudes ont permis de justifier une réforme du 1 % logement (rebaptisé depuis Action logement) fusionnant les CIL et faisant passer leur nombre de cent neuf à vingt-cinq afin, selon la version officielle, de mieux les contrôler.

Il est éloquent que les syndicats aient adopté une attitude plus que fuyante alors même que des procès de gestionnaires du 1 % logement avaient déjà émaillé les années 1990 et le début des années 2000, démontrant l'existence de pratiques identiques à celles dénoncées par les deux militants. Certes, personne n'avait fait la publicité de ces procès et des condamnations prononcées, mais il est difficile d'imaginer qu'elles n'aient pas eu le moindre écho auprès des CIL où régnaient des usages similaires. Ainsi, en mai 2000, la cour d'appel de Paris avait condamné Étienne Jacquot, ancien directeur du développement des HLM Le Bréau Habitat (toujours dans les Hauts-de-Seine), à trois ans de prison ferme et 1 million de francs d'amende pour avoir détourné 13 millions de francs pour des opérations immobilières. L'indélicat allait refaire parler de lui en octobre 2008, dans le cadre de l'autre procès intenté contre Philippe Smadja pour des malversations portant sur des programmes immobiliers qui avaient permis à ce dernier de réaliser des profits importants, en tant que dirigeant du collecteur du 1 % logement des Hauts-de-Seine. Les deux hommes étaient devenus de la sorte propriétaires d'une dizaine de logements financés pour l'essentiel sur l'argent de l'État.

L'embarras des partenaires sociaux est palpable de bout en bout dans cette longue série d'affaires. Ces rapports décapants et ces procès risquaient de faire tomber les masques. C'est d'ailleurs sur leur multiplication que le gouvernement s'est appuyé pour mettre en place, de 2009 à 2011, une réforme du 1 % logement fusionnant les CIL et réduisant leur nombre de cent neuf à vingt-cinq afin, selon la version officielle, de mieux les contrôler.

Comment expliquer, enfin, le mutisme persistant des syndicats devant les nouvelles remarques de la Cour des comptes, en février 2010, qui tente de prévenir les abus auxquels certains pourraient se livrer à l'occasion de la refonte du système : « Une attention particulière devra être portée aux conditions dans lesquelles les dirigeants des CIL absorbés seront amenés à cesser leurs fonctions et les rémunérations des nouveaux dirigeants devront être strictement encadrées[33]. » Faut-il penser que la perspective des sanctions légales est impuissante à réguler le comportement des gestionnaires, ou que la généralisation des pratiques illégales dans ce milieu a engendré un sentiment d'impunité ?

De fait, les sanctions se réduisent le plus souvent à des révisions conduisant l'intéressé à redéfinir ses rémunérations. Elles se focalisent d'ailleurs sur quelques cas pour l'exemple. Comme celui du CIL Aliance, dont la ministre du Logement a suspendu le conseil d'administration en 2009[34], à la suite d'un examen de la Miilos et de l'attention persistante de la Cour des comptes. Comme le rappelle cette dernière : « Les observations de la Cour montraient les conséquences de l'absence de contrôle et de sanction alors que la gestion de ce CIL avait été critiquée, notamment par l'Anpeec en 1999, et que les autorités de tutelle avaient déjà été destinataires, en 2006, d'un signalement de certaines pratiques de cet organisme. Elles mettaient en lumière une accumulation d'anomalies en regard des règles d'appel à la concurrence et soulignaient le rôle joué par deux prestataires

33. Cour des comptes, *Rapport public annuel 2010*, page 62.
34. Arrêté ministériel du 19 juin 2009.

de services, contrôlés par une même personne. L'absorption de plusieurs CIL en difficulté ou les prises de participation réalisées par Aliance avaient donné lieu à des pratiques contestables et coûteuses. Ces défauts dans la gouvernance n'avaient provoqué de réaction ni de l'Anpeec, ni de la tutelle, jusqu'à ce que la Cour fasse connaître ses constatations[35]. » Et de préciser : « La directrice générale a été mise à pied puis licenciée pour faute grave. Les relations avec le prestataire de services sont en cours de réexamen et il devrait être mis fin aux contrats qui avaient été critiqués. La situation d'une des filiales d'Aliance n'est pas encore réglée, l'ex-directrice générale y ayant gardé ses fonctions. La situation et les contrats du GIE de moyens créés par Aliance et plusieurs autres CIL ont fait l'objet d'un examen approfondi mais les contrats de ce GIE n'ont pas été revus. La complexité et l'enchevêtrement des relations avec les prestataires de service n'ont pas encore permis un changement complet. » La SA d'HLM de Guyane, dont le CIL Aliance est actionnaire de référence, fera l'objet d'une dissolution administrative par arrêté ministériel cinq mois plus tard, le 11 novembre 2009, et un liquidateur sera nommé.

Pour autant, l'action de Jean-Claude Duret dénonçant le doux menuet des directions syndicales et des représentants patronaux constitue une grande première. En mettant sur la place publique ces pratiques immorales, il a montré que les administrateurs des CIL détournant ces organismes de leur mission d'intérêt général bénéficiaient d'une omerta des partenaires sociaux. « En fait, mon combat m'a amené à identifier une chose essentielle, déclare aujourd'hui Jean-Claude Duret : les structures syndicales se comportent comme si elles n'avaient plus besoin de l'argent des cotisations et de l'énergie des militants syndica-

35. Cour des comptes, *op. cit.*, page 63.

listes. Les circuits financiers mis en place sont aussi inavouables que considérables et ne profitent plus à l'action syndicale mais aux permanents qui confondent l'intérêt des salariés avec leur intérêt personnel. » Ce constat est grave mais il confirme tous les éléments que nous accumulons au fil de notre enquête.

D'autres procès en perspective

Les syndicats ne semblent pas prêts à changer d'attitude malgré les rapports explosifs de la Cour des comptes et le procès lancé par Jean-Claude Duret. Pour preuve, ils se gardent bien, encore aujourd'hui, de défendre leurs propres experts qui dénoncent des malversations, quand ils ne contribuent pas eux-mêmes à les neutraliser. En avril 2012, un de leurs syndicalistes dans le logement social, Marc Boucoiran, nous en apporte un nouveau témoignage. Engagé depuis plus de vingt ans et délégué central CFDT et de groupe de la Société nationale immobilière (SNI) — filiale d'intérêt général de la Caisse des dépôts et opérateur global pour le logement —, il s'est vu tout bonnement licencié et privé de ses mandats syndicaux après avoir critiqué le fonctionnement de la SNI et pointé, entre autres, des « bizarreries » concernant des représentants syndicaux[36]...

Bien que leader de la CFDT, en expansion alors dans ce groupe qui compte 4 500 salariés, le syndicaliste n'a pas pesé lourd dans les décisions de sa hiérarchie quand il a commencé à regarder de trop près dans la gestion des ressources et des politiques appliquées concernant les logements sociaux. Même son comité d'entreprise l'a partiellement abandonné. Il faut dire que la SNI représente le gros morceau du secteur : il s'agit

36. Marc Boucoiran anime aujourd'hui l'action syndicale du SNUP-CDC-FSU sur tout le groupe SNI.

en fait du premier groupe immobilier de France avec près de 290 000 logements, par ailleurs actionnaire de référence de treize entreprises sociales pour l'habitat (ESH), pour un patrimoine de près de 200 000 logements sociaux, incluant des commerces, des logements familiaux et des unités de vie (foyers et résidences avec services). Un véritable mont d'or sur lequel sont assis de nombreux acteurs qui n'ont pas l'intention d'abandonner leurs aises pour un délégué trop scrupuleux.

L'affaire ressemble sur de nombreux points à celle de Jean-Claude Duret et de Pierre Morlier.

L'inspection du travail s'est opposée au licenciement de Marc Boucoiran et l'a rétabli dans ses droits, précisant qu'il pouvait y avoir un lien entre la volonté de le licencier et l'action syndicale exercée. Mais André Yché, ancien contrôleur général des armées et P-DG de la SNI, sans complexe a aussitôt demandé au ministre du Travail, Xavier Bertrand, l'autorisation de licencier le syndicaliste malgré l'avis de l'inspection du travail. Il est vrai que la SNI avait de solides appuis politiques auprès du gouvernement Sarkozy. Le ministre l'a fait presque sans barguigner le 24 février 2012, après avoir laissé naître tout de même une décision implicite de rejet liée aux rapports d'enquête de la Direction générale du travail. Contrairement à ce que l'on pense communément, ce type d'intervention du ministre du Travail n'est pas si rare et concerne souvent des dossiers dit « fléchés », c'est-à-dire suivis pour le compte de groupes d'intérêts[37]. Cette intervention peut d'ailleurs être

37. On en compte régulièrement. L'un des auteurs, Jean-Luc Touly, en a été victime : en 2006, le ministre du Travail, Gérard Larcher, a prononcé son licenciement contre l'avis de l'inspecteur du travail. Jean-Luc Touly a fait casser la décision du ministre par un recours devant la cour administrative d'appel de Paris en 2010, confirmée par le Conseil d'État en 2011. Voir aussi à ce sujet le chapitre « L'estomac plein des fédérations syndicales du commerce ».

contestée devant un tribunal administratif, comme l'a fait le syndicaliste en saisissant celui de Strasbourg. En juillet 2013, l'affaire était encore en cours de traitement[38].

La CFDT et d'autres organisations ont également stupéfié Marc Boucoiran par leur attitude : « La grande majorité des syndicats se sont pliés comme un seul homme à la volonté du P-DG de la SNI de m'écarter. Seuls des syndicalistes également engagés m'ont soutenu, parfois contre les injonctions menaçantes de leur "hiérarchie" syndicale d'entreprise. Pire : la CFDT s'est même employée à me neutraliser en me retirant mes mandats, et la direction de la SNI en a profité pour me licencier, souligne-t-il. La fédération des services CFDT et les responsables du syndicat parisien CFDT-ICI m'ont littéralement vendu à l'employeur pour me bâillonner. À la faveur des très bons résultats électoraux réalisés par les équipes CFDT dans le groupe SNI, les deux structures syndicales entendaient mettre la main sur la "Major[39]" que représente le groupe SNI[40]. » Des échanges de courriels internes entre militants CFDT ont été transmis à l'employeur de Marc Boucoiran pour tenter de justifier son licenciement.

Le responsable syndical explique avoir découvert qu'il existe « un véritable *modus operandi* pour détruire des délégués syndicaux gênants ou des secrétaires de syndicat qui

38. Entre-temps, le nouveau ministre du Travail, Michel Sapin (PS), a annulé la décision d'autorisation de licenciement délivrée par Xavier Bertrand, mais la SNI a attaqué cette annulation devant le même tribunal de Strasbourg…

39. Dans le jargon, le terme de « Major » désigne une société importante auprès de laquelle une organisation syndicale peut rechercher des possibilités de financements, de moyens, ou de placements ou reclassements pour certains de ses permanents.

40. Entretien avec les auteurs, avril 2012.

critiquent la ligne. On les neutralise d'abord par des diffamations, des ragots, des intimidations... Et, si cela ne suffit pas pour les décrédibiliser ou les faire déserter leurs actions, ils enclenchent des déstabilisations internes. Dans le cas des délégués syndicaux, ils avancent des pions aux ordres pour les remplacer, sous les yeux médusés des militants et des sections · tandis qu'un secrétaire de syndicat qui résiste sera soumis à toutes sortes de chantages, dont le retrait de convention du financement pour détachement, afin de lui couper les vivres... Dans tous les cas, et sans le soutien de l'organisation, le syndicaliste est livré pour licenciement à sa direction qui ne rate pas l'occasion qui lui est offerte... »

Marc Boucoiran n'a pas baissé les bras sur le plan syndical. Il a quitté la CFDT et a monté une nouvelle structure (le SNUP, affilié à la FSU via la Caisse des dépôts et consignations), laquelle est devenue aussitôt la deuxième organisation syndicale représentative de l'Unité économique et sociale (UES) SCIC Habitat (1 800 salariés), quelques mois après les calomnies qui ont été véhiculées à son encontre, le retrait de ses mandats et sa procédure de licenciement. Ce qui signifie qu'une grande partie des salariés et des militants ont décidé de soutenir son combat.

Le militant signale aussi que les syndicats, « pour mieux maîtriser leurs délégués syndicaux, n'ont pas attaqué une jurisprudence qui oblige à une nouvelle désignation systématique après une élection. Cela permet aux organisations syndicales de remplacer un délégué quand elle le juge trop actif et qu'il gêne la relation devenue directe avec l'employeur... » La perversité peut aller jusqu'à ne rien lui dire jusqu'au dernier moment et faire coïncider le retrait de ses mandats et le licenciement, voire lui laisser faire le boulot pour préparer les élections syndicales, car sans lui ils n'obtiendraient pas la confiance des salariés... « Ils peuvent traiter parfois des équipes syndicales entières et sont même capables d'exploiter les combats menés par les militants engagés dans les entreprises et relayer leurs actions dans la presse interne et externe, pour donner l'image d'un syndicalisme actif alors qu'ils vont tout faire pour enterrer les dossiers. »

Il est ironique de constater qu'au moment où André Yché se montrait intraitable il publiait parallèlement un petit livre, *Logement, habitat et cohésion sociale : au-delà de la crise, quelle société voulons-nous pour demain ?*, défendant le principe d'une dérégulation majeure du logement social, en présentant celle-ci comme un mal nécessaire pour assurer la satisfaction des demandes de logements sociaux à moindre frais pour l'État. Le même n'avait d'ailleurs pas attendu que le législateur l'adopte pour soutenir le projet d'un plan social inspiré par le livre blanc de l'UNPI (Union nationale des propriétaires immobiliers) supprimant une quinzaine de milliers de logements par leur vente, ainsi que les postes de plusieurs centaines de salariés en CDI ou CDD au sein d'Adoma (ex-Sonacotra), dont la SNI était actionnaire à 28 % et prévoyait d'augmenter sa participation. La SNI et le 1 % logement venaient aussi de faire un prêt à Adoma en avance de trésorerie pour 25 millions d'euros, chacun rémunéré à 2 % d'intérêts et pouvant être récupéré par la SNI et le 1 % logement, ou se transformer en capital quand l'État leur permettra de devenir actionnaire majoritaire de l'entreprise...

Marc Boucoiran souligne que des syndicats se prêtent parfois au jeu des restructurations qui permettent des licenciements massifs. Seuls des militants de certaines organisations, Jean Luc Madinier et Pierre Guindon de la CFE-CGC à la SNI, Maamard Chabi de la CFE-CGC Adoma, Alexandre Tréhoux et Sylvain Krum de SUD Adoma, ont créé avec lui une dynamique à contre-courant de l'inaction ambiante, un mouvement social qui a mobilisé les salariés d'Adoma et permis de rétablir un rapport de forces favorable à leurs intérêts. Le syndicaliste précise : « Cela s'est fait à l'encontre d'une CFDT des services et de son syndicat parisien ICI, tout comme de la CGT-SNI et de la Caisse des dépôts et consignations, qui ont plus accompagné la prise de contrôle par la SNI avec, à la clé, près de 650 suppressions de postes chez Adoma et quelques aménagements à la SNI... En fait, les syndicats ont avalisé tacitement un pacte d'actionnaires secret pour privatiser Adoma et la réorienter, stratégie qui vise le logement social en général. » Cette action a d'ailleurs entraîné la spirale des retraits de mandats de Marc Boucoiran. Des milliards d'euros sont en jeu dans le Monopoly géant que cachent les restructurations en cours dans le logement social et le 1 % logement. Plus de 4,5 millions de logements sont concernés.

Signalons au passage que l'on retrouve encore Thierry Gaubert et d'autres comparses dans la boucle des acteurs de cette affaire, administrateurs d'Action logement et d'Efidis, une filiale de la SNI dans le secteur des HLM. Placé en garde à vue le 20 septembre 2011, Thierry Gaubert, ex-conseiller de Nicolas Sarkozy, a reconnu l'ouverture par ses soins de divers comptes bancaires à l'étranger. Aux policiers qui lui ont demandé : « Est-ce dans le cadre d'une activité non déclarée, illégale ? » il a répondu : « Oui. Dans le cadre de projets immobiliers. Je touche des commissions lorsque je trouve un acheteur ou un vendeur. Je fais cela depuis plusieurs années, environ dix-quinze ans. »

Des logements sociaux à la disposition des élus UMP

Le système que ces lanceurs d'alerte ont mis en évidence, sur lequel sont assis les partenaires sociaux, est encore plus large que ne le laissent paraître ces dossiers judiciaires et les rapports de la Cour des comptes. Comme nous allons le voir, la douce ambiance entourant la gestion du logement social cache d'autres secrets…

L'une des raisons qui permettent au système de perdurer dans l'hypocrisie générale tient au fait que d'innombrables personnalités politiques profitent des logements sociaux à titre personnel. Une nouvelle fois, ce ne sont pas les responsables des organismes qui nous éclairent mais un de ces lanceurs d'alerte qui ont décidé de prendre le risque de subir des représailles[41].

Christophe Grébert, conseiller municipal d'opposition à Puteaux (92), a découvert en 2011 que près de la moitié des élus de la ville bénéficient ou ont bénéficié de logements sociaux bien que ne faisant pas partie des cas sociaux prioritaires. « Près de trois mille personnes sont inscrites sur une liste d'attente pour obtenir un logement social à Puteaux alors que près de la moitié des élus majoritaires en bénéficient, ce qui constitue déjà simplement sur le plan statistique une énigme », nous explique-t-il. Et de détailler cette étrange générosité pour les élus UMP, où il apparaît que ces derniers sont dirigeants ou patrons d'entreprise, directeurs financiers, hauts fonctionnaires… Christophe Grébert résume le système d'une formule saisissante : « À Puteaux, si vous plaisez au maire, vous pouvez obtenir un logement en quinze jours, sinon votre demande peut rester longtemps insatisfaite. »

De fait, alors que la pénurie de logements en Île-de-France est de plus en plus criante et que le nombre de familles en difficulté explose, les élus UMP de Puteaux semblent avoir une idée assez particulière de la vocation des HLM, d'autant que le taux de logements sociaux dans cette ville est tombé au cours des

41. Il a fallu attendre 2013 pour qu'une loi protégeant les lanceurs d'alerte soit votée, à l'initiative de la sénatrice Marie-Christine Blandin (EELV), et l'on attend encore son décret d'application à l'heure où nous écrivons ces lignes.

deux dernières décennies de 40 à 28 %. Comment expliquer que la moitié des élus de la majorité soient logés dans le social ? La situation a de quoi indigner les demandeurs de logement, très amers, et soulève une question : pourquoi les gestionnaires n'ont-ils pas dénoncé eux-mêmes cette jouissance ?

« Sur trente-cinq élus de la majorité, dix-sept habitent dans le social, précise Christophe Grébert. » Il a mis sur son blog leur liste détaillée avec, pour preuve, les adresses des résidences concernées. Parmi les bénéficiaires cités, on trouve par exemple un sous-directeur à la Direction de l'information légale et administrative (service du Premier ministre), recevant une rémunération d'environ 8 000 euros nets par mois et bénéficiant en outre d'un logement de fonction à Paris, dans le 15e arrondissement ; d'autres élus sont par ailleurs propriétaires de biens immobiliers. Christophe Grébert signale au passage qu'« aucun des élus de l'opposition ne bénéficie d'un logement social ». En effet, sur les huit élus de l'opposition à Puteaux (trois PS, deux Modem, un Vert et deux « indépendants »), pas un ne jouit de cette largesse.

Les élus concernés auraient aimé pouvoir accuser Christophe Grébert d'être un gauchiste, mais le conseiller ne répond pas du tout à ce profil : membre du Modem, il prône simplement la moralité et le respect des institutions. Autrement dit, sa faculté d'indignation face aux dérives, restée intacte malgré son mandat d'élu, fait remonter la vase que les partenaires sociaux n'ont pas voulu remuer. Son intégrité dérange et les élus qu'il met en cause ont formé un front commun contre lui. Une vingtaine d'entre eux l'ont assigné en justice et lui réclament 76 000 euros (soit 4 000 euros chacun) au titre de la « réparation du préjudice moral ». Il est amusant de relever que leur plainte ne se fonde pas sur une « diffamation » mais sur une « atteinte à la vie privée ». Le motif laisse songeur, car il atteste que leur avocat, devant les pièces du dossier réunies par Christophe Grébert, n'a pas estimé défendable une contestation de sa véracité et de sa légitimité, ni même d'attaquer contre une éventuelle « volonté de nuire ».

La maire de Puteaux Joëlle Ceccaldi-Raynaud, que nous avons interrogée à ce sujet, ne parvient pas à contester cette analyse et la réalité des faits. Elle reconnaît que ces élus jouissent d'un logement social, mais pense se dédouaner en déclarant : « La plupart des conseillers dont vous parlez étaient déjà locataires de logements sociaux avant d'être élus. » Elle ne s'attarde pas sur ceux qui ne le sont devenus qu'après son accession à la mairie et nie être intervenue dans ces dossiers, renvoyant la responsabilité vers l'organisme officiellement chargé de les gérer : « Les offices publics de l'habitat attribuent les logements dont ils disposent sous l'autorité d'une commission d'attribution indépendante. » Concernant les autres bénéficiaires, elle résume son attitude ainsi : « Aurais-je dû demander la suppression de leur logement dès lors que j'ai été élue maire sous prétexte qu'ils étaient élus ? » Rappelons tout de même que l'actualisation des dossiers en fonction de l'évolution des revenus et des patrimoines est prévue par les textes et que, si un mandat d'élu ne présuppose pas un enrichissement, il n'impose pas non plus de soustraire l'élu au suivi de sa situation, qui devrait seul présider à une décision.

La maire affirme que ce n'est pas la révélation de leur logement social qui a motivé leur plainte mais le fait que le conseiller « a exposé sur la place publique des informations personnelles et privées ». La vie privée doit certes être respectée, comme le rappelle le Code civil. Mais l'attribution d'un bien public, surtout si elle contrevient à la vocation du bien en question, mérite-t-elle d'être considérée comme relevant de la vie privée ? L'article 9 du Code civil, qui protège contre les violations de la vie privée, ne le dit pas[42]. Christophe Grébert estime qu'« il faut dénoncer ce système d'attribution opaque et l'utilisation abusive de l'article 9, voire le réviser sur ce qui concerne ce type de pratiques ». Elles concernent en effet la destination des biens de la collectivité. « Cet article ne doit pas servir à protéger des méfaits, souligne-t-il. Il faut que ces méfaits soient sanctionnés par une loi contre les passe-droits pour les élus, et mettre un terme à cette hypocrisie. »

Quant aux syndicats qui gèrent paritairement le système, leur discrétion dans cette affaire est totale. Le lanceur d'alerte s'explique mal cette attitude : « Je les ai sollicités, mais ils ne m'ont fait aucune réponse, et j'ai d'autres exemples de personnes qui se sont heurtées au même silence. Les syndicats ne font rien à Puteaux, ils ont plutôt profité allègrement du système, ils sont présents au conseil d'administration mais on a le sentiment qu'ils sont juges et partie. Il faut imposer un principe de transparence sur ces organismes publics, qui incite les décideurs à respecter les règles de la démocratie et de l'attribution des biens sociaux. » La mairie n'affichant pas le budget de la ville sur son site public, Christophe Grébert a décidé de le faire sur son propre blog…

Et du côté des syndicats des employés municipaux, on constate le même effacement. « Ils ne disent rien. On craint manifestement des représailles au moindre signe de rébellion. Du coup, la mairie peut continuer à faire des dépenses folles en agapes et petits-fours. Ce poste budgétaire est supérieur à celui de la capitale et personne n'ose s'en émouvoir, alors

42. Article 9, Code civil : « Chacun a droit au respect de sa vie privée. Les juges peuvent, sans préjudice de la réparation du dommage subi, prescrire toutes mesures, telles que séquestre, saisie et autres, propres à empêcher ou faire cesser une atteinte à l'intimité de la vie privée : ces mesures peuvent, s'il y a urgence, être ordonnées en référé. »

qu'on pourrait développer plein de projets pour la population, comme de meilleurs systèmes de chauffage pour les habitations, moins coûteux et moins énergivores… »

La patronne de la ville, Joëlle Ceccaldi-Raynaud, également présidente du conseil d'administration de l'Epadesa (l'établissement public d'aménagement de La Défense) à la suite du retrait de Jean Sarkozy, est actuellement citée comme témoin dans une affaire impliquant son père Charles Ceccaldi-Raynaud, mis en examen dans une affaire de pots-de-vin par le juge Richard Pallain, du tribunal de Nanterre. Ces commissions occultes auraient été versées, selon son père, pour obtenir la prolongation d'une concession du marché des chauffages de La Défense, initialement attribuée par un syndicat mixte présidé par Charles Ceccaldi-Raynaud. L'enquête et les aveux de ce dernier ont permis au juge de remonter la piste de comptes en Suisse, au Luxembourg et dans les îles Vierges britanniques avec la constitution d'une série de sociétés qui affectent la traçabilité des circuits financiers — autrement dit, des sociétés qui compliquent singulièrement la tâche des fins limiers du fisc chargés de la lutte contre l'évasion fiscale. Ces inspecteurs sont sur la trace de plus de 4 millions d'euros ayant transité par ces poupées gigognes. La réputation de la maire est malmenée par son père qui l'accuse d'avoir reçu aussi des dessous-de-table. Il a même déclaré au juge Richard Pallain qu'elle les aurait déposés dans une banque luxembourgeoise, dont il a livré le nom ainsi que celui du gestionnaire du compte : la banque Edmond de Rothschild à Luxembourg-Ville[43].

43. Le juge a mis en examen Charles Ceccaldi-Raynaud pour favoritisme, recel d'abus de biens sociaux et corruption passive, de même que trois associés de la société qui gère la chaufferie pour corruption, sans oublier l'intermédiaire luxembourgeois qui a livré le dossier aux enquêteurs pour se venger de n'avoir pas reçu sa commission.

Selon les enquêteurs, Joëlle Ceccaldi-Raynaud aurait bien demandé dans cet établissement l'ouverture d'un compte au nom de Dronley Ivestment Ltd, une société domiciliée à Tortola dans les îles Vierges britanniques, au titre de l'ayant droit « Joëlle Ceccaldi-Raynaud ». Des centaines de milliers d'euros y auraient été versés en liquide en plusieurs fois par des personnes anonymes et par divers virements en provenance de comptes off shore, dont un dans les îles Vierges, clôturé en 2009, peu après les aveux du père, pour être transférés vers une destination qui n'a pas été identifiée. La maire de Puteaux affirme que cet argent ne provient pas de pots-de-vin mais de l'héritage de sa grand-mère, une explication que nie son père. En saura-t-on plus ? Le juge Pallain, qui avait aussi instruit l'affaire sur le 1 % logement, a été muté très loin, en septembre 2011, à Tahiti.

Pour Christophe Grébert, la pilule a du mal à passer : « On se demande encore si elle sera mise en examen, et c'est moi qui dois aller au tribunal pour avoir dit que des élus profitaient de logements sociaux… Et le 16 février 2012, lors d'une réunion du conseil municipal, elle m'a fait sortir de la salle par cinq policiers municipaux qui m'ont traîné de force simplement parce que j'ai voulu rappeler le fait que *Le Canard enchaîné*, qui évoquait ces comptes dans les paradis fiscaux, avait été retiré de tous les points de vente de la ville, et que l'opposition Modem/Europe Écologie-Les Verts rejetait sa demande de faire couvrir ses frais de justice contre moi par le budget de la commune (elle me poursuivait pour avoir évoqué l'affaire au Figaro.fr). »

Joëlle Ceccaldi-Raynaud nie en bloc : « Je n'ai aucun compte dans un paradis fiscal. Je n'avais aucun problème avec cet article et donc aucun intérêt à faire retirer ce journal des points de vente », affirme-t-elle.

Les plaintes contre Christophe Grébert ont pour premier effet de peser sur les ressources de celui qui a sorti le scandale et de mettre ses nerfs à l'épreuve. Les procédures de ce genre suffisent parfois à épuiser toute adversité et à empêcher qu'un lanceur d'alerte fasse école. Mais c'est mal connaître cet homme, qui s'est entouré d'un comité de soutien. Par ailleurs, il est membre d'Anticor, l'association de lutte contre la corruption créée par le juge Eric Alphen et l'assistante parlementaire Séverine Tessier, qui rassemble des élus de tous bords politiques dans toute la France pour en finir avec les pratiques politico-mafieuses. Mieux vaut en effet ne pas rester isolé dans ce genre d'affaire. « J'ai reçu des menaces, mais je continuerai à avancer et à creuser », soupire Christophe Grébert. Des conseillers municipaux dont la langue s'est déliée nous soufflent qu'« elle ne s'est pas privée d'intervenir dans l'attribution des logements aux élus ». Iront-ils jusqu'à soutenir un jour ouvertement le conseiller par qui le scandale est arrivé ?

Et à Paris ? On aimerait que dans la capitale l'acteur majeur du logement social — la Régie immobilière de la ville de Paris (RIVP) — fasse la transparence sur ses attributions, puisqu'il se présente comme un « bailleur solidaire et éthique ». On se souvient que l'ancien parlementaire et ministre Jean-Pierre Chevènement a bénéficié depuis 1983 d'un appartement de 120 mètres carrés dans la capitale pour un loyer de 1 519 euros, alors qu'il s'élèverait à 3 500 euros par mois dans le privé. Fadela Amara (devenue haut fonctionnaire de l'Inspection générale des Affaires sociales) disposait jusqu'en 2012 d'un deux-pièces de 50 mètres carrés dans le 13e arrondissement pour un loyer de 525 euros. Dans un courrier courroucé à la RIVP qui révisait son dossier, elle a déclaré qu'elle avait « envie de donner des noms en pâture » à l'opinion. En effet, ce n'est là que la pointe émergée de l'iceberg de logements sociaux que la RIVP a longtemps concédés à des élus, des hauts fonctionnaires et autres locataires bénéficiant de hauts revenus. En 2011, une enquête de la chambre régionale des comptes d'Île-de-France a épinglé de nombreux abus, des « pratiques discrétionnaires », des attributions à de nombreux agents de la RIVP « décidées par une commission composée d'élus du comité d'entreprise », et des rémunérations injustifiées de certains collaborateurs[44]. La chambre régionale a aussi observé que de nombreux ménages locataires disposaient de « plus de 100 000 euros de revenus par an », en soulignant qu'un tel « niveau de ressources n'est plus en rapport avec le droit à bénéficier d'un appartement social[45] ». Elle a également noté que, malgré la loi, « la détection des cas de sous-occupation n'a pas été encore opérée par la RIVP[46] », alors qu'elle estimait que 6 % des Parisiens ayant la jouissance de ces appartements sociaux ne les occupaient pas pleinement.

Enfin, les magistrats relèvent que « la RIVP a décidé d'alerter les membres du Parlement ou du gouvernement en exercice qui occupent un logement de la RIVP », mais notent que cette démarche, qui s'est traduite par un courrier de la RIVP « les invitant à résilier leur bail pour des motifs déontologiques », est restée vaine : « Elle n'a suscité aucune réponse positive[47]. »

Les questions pleuvent : Pourquoi les gestionnaires restent-ils encore silencieux sur les personnalités qui ont bénéficié indûment de ces logements sociaux ? Pourquoi, lorsqu'ils demandent à ces locataires illégitimes de libérer leur logement, n'emploient-ils pas les moyens de police qu'ils utilisent quand ce sont des locataires communs ? Pour quelle raison la Confédération syndicale des familles, qui siège dans le conseil

44. Chambre régionale des comptes d'Île-de-France, *Rapport d'observations définitives : Régie immobilière de la ville de Paris (RIVP), exercices 2004 et suivants*, juin 2011, 10-UC-0220/S3/2110380/MC.
45. *Ibid.*, page 40.
46. *Ibid.*, page 43.
47. *Ibid.*, page 49.

d'administration de la RIVP, ainsi que le Syndicat national du logement, la Confédération nationale du logement et la Caisse des dépôts et consignations ne se sont-ils pas montrés plus réactifs devant les nombreux abus ?

IV

LA VIE OUVRIÈRE

On ne présente plus le magazine *La Vie ouvrière*, l'organe centenaire de la CGT. La *VO*, comme la surnomment les lecteurs, est une institution paisible, une PME[48] de quatre-vingts salariés habitués à la discrétion, et de plusieurs dizaines d'autres employés aux tâches souvent difficiles à préciser, mais encore plus discrets. Ce n'est pas son récent changement de nom — l'hebdomadaire s'intitule désormais *La Nouvelle Vie ouvrière* (*NVO*) — qui a bouleversé la routine de ses collaborateurs. Mais derrière ces apparences vénérables se cache un autre visage, celui d'une structure dans laquelle les pratiques semblent avoir été éloignées parfois considérablement de l'éthique défendue par les syndicalistes. Penchons-nous sur cette drôle de machine.

48. En société anonyme.

En feuilletant son numéro spécial consacré aux impôts 2013, nous sursautons devant la pléthore de publicités manifestement destinées uniquement à apporter des finances à la structure, la plupart d'entre elles ne pouvant avoir pour objectif de susciter un acte d'achat, pas plus que de redorer l'image des annonceurs, puisque les lecteurs ne constituent pas la cible de ces grands groupes[49]. Dassault, Veolia Environnement, EDF, RTE (Réseau de transport d'électricité), GDF Suez, Assurance maladie Sécurité sociale, Audience créative (groupe Comédiance régie publicitaire)… On y trouve aussi une publicité pour Air France sur deux pages (!). Elle tombe à pic au moment où les élus du comité central d'entreprise de la compagnie aérienne, désormais CGT, ont découvert dans les archives laissées par leurs prédécesseurs (CFDT) des scandales à peine croyables. Ce CCE vit d'ailleurs une crise financière gravissime, qui amène de nombreux observateurs à s'interroger sur le rôle qu'a joué la direction de la compagnie aérienne dans cette situation, notamment en versant au comité des avances mirobolantes qui lui ont permis de camoufler les pertes durant des années tout en se livrant à des dépenses délirantes et des achats personnels très éloignés de la mission d'un CCE[50].

Ce n'est pas tout. Beaucoup d'autres ont également tenu à faire plaisir à la revue : La Poste (dont nous allons évoquer quelques dérives dans un prochain chapitre), la SNCF (dont la direction et le CCE vivent aussi des heures particulièrement délicates[51]), Orange (où des syndicats soutiennent le PDG mis en examen[52]), Audiens Protection sociale, Crédit agricole,

49. *La Nouvelle Vie ouvrière-CGT Impôts 2013*, janvier 2013.

50. Voir le chapitre « Le CCE d'Air France atteint en plein vol ».

51. Voir le chapitre « La CGT déraille à la SNCF ».

52. Voir le chapitre « Les syndicats se mobilisent pour sauver les… patrons mis en examen ».

Conseil général 78, Bombardier, Mutuelles du Mans Assurances, Prêtmyself, Klesia (groupe Mornay), Mairie de Paris, Prevere Assurances, ARF (Association des régions de France), Satec Assurances, LM Communication, Mutuelle complémentaire Bagnolet, Danone, Reunica, Campéole, Mutex, Ricard...

Directrice de la *NVO* depuis 2010, Agnès Naton, que nous avons interrogée sur la finalité de cette surabondance publicitaire souvent très inadéquate à son lectorat, s'en tient à des affirmations sèches : « *La Vie ouvrière* a mené une longue bataille pour pouvoir bénéficier de la publicité institutionnelle de grandes firmes, comme bien d'autres titres de presse. Nous avons toujours revendiqué notre part, sans que cela remette en cause notre indépendance, puisque le volume n'excède pas 20 % du total du chiffre d'affaires annuel de la SA *NVO*[53]. » Précisons les chiffres : en 2010, le chiffre d'affaires de la *NVO* représentait 8 millions d'euros[54], et le montant des recettes publicitaires 1,5 million d'euros[55]. Il est difficile de croire qu'une telle manne soit sans effet sur les relations avec les groupes d'annonceurs alors même que la *NVO* traverse une période de grande vulnérabilité financière. On peut s'étonner également que le barème de tarification des publicités, mis en place par la CGT pour encadrer officiellement les versements des annonceurs, reste souvent inappliqué par la *NVO*, selon des sources internes de la trésorerie nationale du syndicat.

La *NVO* n'a certes rien d'une exception. Il suffit en effet d'ouvrir n'importe quelle publication syndicale pour identifier une origine désormais bien connue du financement des organisa-

53. Réponses à nos questions, juillet 2013. Voir l'intégralité des réponses dans les annexes, page 251-252.

54. Précisément 7 959 404 euros, selon les comptes de la confédération concernant la NVO.

55. Soit 1 546 981 euros.

tions. Une source d'argent d'ailleurs toujours très opaque sur les montants réels détaillés et, in fine, sur les apports des différents annonceurs, faute d'une loi levant définitivement les poches d'ombre encore permises par la loi Waldeck-Rousseau votée en… 1884. La loi de 2008 obligeant officiellement les syndicats à faire certifier leur comptabilité par un commissaire aux comptes[56] (certification à laquelle se soumet la *NVO*) et à mettre ces comptes à la disposition du public souffre encore de nombreuses faiblesses, notamment en leur permettant de ne communiquer que les mouvements les plus importants au niveau confédéral, ce qu'il est convenu d'appeler « le haut du bilan ».

« Des personnes ne venaient à la *NVO* que pour toucher des enveloppes, sans qu'un travail réel le justifie », nous confient quelques salariés. L'affirmation est grave : elle porte un nom – emplois fictifs – qui a déjà fait condamner des employeurs, dont l'ex-président de la République, Jacques Chirac. Elle nécessite de solides témoins capables de soutenir publiquement leurs propos et, le cas échéant, de s'épancher devant un juge. Mais examinons d'abord les faits de près.

Des détachements très confortables

L'intérêt que présente *La Vie ouvrière* pour ses lecteurs est incontestable. Ses articles sont le plus souvent pratiques et destinés à fournir au public une culture syndicale permettant de mieux défendre ses droits. Mais ce contenu semble être à l'opposé du fonctionnement de l'équipe rédactionnelle et de l'administration du groupe qui régnait encore il y a quelques années. Parler de gabegie à ce propos ne serait rien au regard des us et coutumes

56. Quand ils affichent des ressources annuelles de plus de 230 000 euros, ce qui est le cas le plus fréquent, même dans les petites structures.

de la maison... Un journaliste juridique, Hédy Sellami, qui a milité en tant que secrétaire de section syndicale aux PTT, puis travaillé pendant neuf ans au sein de *La Vie ouvrière*, expose clairement la situation, documents à l'appui : « Les enveloppes étaient monnaie courante à la *VO*. Rien que dans mon propre service, il y avait plusieurs détachés de la Sécurité sociale qui en profitaient. Pour résumer, ils ne faisaient pas grand-chose tout en percevant deux "salaires". » Il cite, à titre d'exemple, une personne absente des locaux — où elle était pourtant supposée travailler —, qui percevait depuis une vingtaine d'années son salaire de la Sécu, plus une rémunération de la *VO*, en liquide. « Ces versements au noir se faisaient directement de la main à la main. Ces personnes venaient chercher leur enveloppe tous les mois sur place, certains se plaignant même de ne pas recevoir assez. » Nous trouvons le cas, parmi d'autres, d'une employée détachée par la Sécurité sociale, toujours payée par celle-ci, qui venaient prendre en plus ses 500 euros au noir, tout comme son mari, lui aussi « détaché » de la Sécurité sociale, bénéficiant du même système. « Le couple profite en outre de primes et d'un treizième mois, sans oublier une voiture payée, la prise en charge de l'essence, de l'assurance, des réparations, etc.[57]. » Ils vivent tous deux en province, à trois cents kilomètres de Paris, et vaquent à d'autres occupations...

En calculant ce qu'ont coûté à la *VO* ces versements indus pendant vingt ans, Hédy Sellami a fait apparaître que, à lui seul, le couple bénéficiaire de ce régime parfaitement illégal avait absorbé près du quart du déficit annuel invoqué par le magazine pour procéder à des licenciements prétendument « économiques ». De nombreuses autres personnes ont continué ainsi à jouir de leur mise à disposition par leur employeur officiel, pour

57. Entretien avec les auteurs, avril et mai 2011.

lequel elles ne travaillaient plus mais qui leur versaient un salaire tandis qu'elles bénéficiaient des largesses du journal. Il évoque aussi le cas d'un autre « détaché » de la Sécurité sociale percevant toujours son salaire tout en recevant celui de la *VO* (pour une activité largement fictive de surcroît), alors que sa fonction au sein de l'assurance maladie consistait à visiter les assurés en arrêt maladie pour contrôler qu'ils étaient bien malades et n'escroquaient pas la Sécu ! On peut trouver particulièrement ironique que l'organisme ne contrôlait pas le travail réel de son propre agent au sein de la publication syndicale.

L'un des seuls à s'émouvoir fut Maurice Cohen, le directeur de la *Revue pratique de droit social*, une publication financée par *La Vie ouvrière*. Mais il fut rapidement remis à sa place. Une autre fois, Michel Tosi, administrateur de la *VO*, émit des craintes après avoir reçu une lettre de l'Urssaf qui demandait quelques explications. Selon plusieurs témoignages, il a manifesté la velléité de mettre un terme au système, mais l'idée déplut à la direction. Son remplaçant oublia aussitôt cette idée, à la grande satisfaction des bénéficiaires et, apparemment, sans plus contrarier l'Urssaf.

Quant au journaliste juridique, Hédy Sellami, il a perdu sa place après avoir dénoncé en interne ces faits et d'autres de même nature commis au profit de nombreuses personnes, des escroqueries manifestes à la *VO*, à la Sécurité sociale, au fisc, aux contribuables et aux syndiqués. Il s'est tourné vers plusieurs services pour tenter de mettre fin à ces abus, alertant l'Inspection générale des affaires sociales (IGAS) et la commission parlementaire de contrôle et d'évaluation de la Sécu, mais elles ne lui ont pas répondu.

Si l'on en croit son récit et d'autres échos remontant du journal, le système aurait concerné beaucoup de monde. Une cinquantaine de personnes. Certaines d'entre elles se défendent d'ailleurs en nous disant qu'il n'y a aucune raison de les mettre en cause personnellement puisque « des dizaines d'autres personnes en ont profité aussi ». Un argument qui nous permet d'apprendre que des cadres de la direction de la *VO*, par ailleurs membres du bureau confédéral de la CGT, auraient eux-mêmes été détachés avec maintien du salaire et des compléments en liquide, disposant d'une carte bancaire leur permettant de retirer de l'argent sur le compte du syndicat, et d'une voiture « de fonction ». Hédy Sellami nous le rappelle lui-même en complétant le tableau : « En fait, de nombreuses personnes non salariées ont bénéficié d'une voiture de fonction à longueur de temps ! » Une partie de ces attributions de véhicules a d'ailleurs fait l'objet d'une récrimination par le comité d'entreprise. On en retrouve la trace explicite dans un texte de la fin des années 2000 où le CE interpelle gravement la direction, à la suite d'un audit interne : « Si l'équilibre de la société ne se joue pas à la marge, il est inacceptable que le train de vie et les effectifs de la direction ne soient pas au diapason de la situation. » Les élus du CE évoquent des frais d'achat d'automobiles en une année de « 43 000 euros, qui venaient plomber le déficit ». Et concluent : « Cette dépense ne nous a clairement pas paru être socialement responsable. Les élus et les salariés attendent de la direction qu'elle réduise son train de vie, notes de frais, missions, dans un souci de gestion rigoureuse[58]. »

Les mêmes soulignent la dégradation de l'ambiance régnant dans la publication : « Les élus du CE veulent se faire les interprètes d'un fort doute, d'un manque de confiance des salariés dans leur grande majorité à l'égard de la direction de l'entreprise. » Ils en pointent également une des raisons, l'opacité de la nébuleuse dirigeant la *VO*, à l'origine de graves

---

58. « Réflexions du comité d'entreprise de *La Vie ouvrière* sur la stratégie de l'entreprise. »

dérives : « Les élus du comité d'entreprise estiment que l'entreprise a besoin d'une direction plus professionnalisée, plus rigoureuse, constante dans sa gestion. Que devons-nous comprendre du refus constant de la direction de communiquer l'organigramme ? Si ce n'est que ses membres eux-mêmes ne sont pas au clair sur leurs champs d'intervention, leurs responsabilités, et que finalement l'absence d'organigramme laisse libre cours à toutes les dérives budgétaires, stratégiques, organisationnelles et sociales. » Les questions du CE soulèvent par ailleurs le problème des personnes embauchées pour des raisons obscures : « Comment devons nous comprendre que des embauches puissent être faites sans avoir été identifiées comme des priorités par le comité de direction et sans avoir été budgétées ? Comment comprendre des embauches non prévues, non budgétées, dictées in fine par l'obligation de régulariser les salariés concernés ? »

Les témoignages que nous recueillons vont jusqu'à évoquer certains « détachés » qui ont même réussi, le jour où ils ont officiellement quitté la revue, à obtenir de cette dernière de grosses indemnités de départ alors qu'ils n'y étaient pas salariés, avant de rebondir au sein d'institutions distinguées, tel le Conseil économique et social...

Le journaliste juriste, lui, n'a pas eu droit à ces généreuses attentions mais à un froid « licenciement économique ». Il a saisi les prud'hommes et gagné son procès, le tribunal établissant que ce licenciement n'était pas fondé.

Il fait partie des personnes qui en savent beaucoup sur les mœurs financières et les dérives syndicales. Pour ne pas tomber sous le coup de la loi prévoyant une peine d'un an d'emprisonnement contre les personnes auditionnées par la commission d'enquête parlementaire et qui dévoileraient des informations sur leurs échanges non publiés par ladite commission, il s'abstient de nous préciser si les informations qu'il nous livre correspondent à celles qu'il a fournies aux députés. Mais, comme les autres, Hédy Sellami conserve le droit de s'exprimer et, de fait, il n'a pas aliéné sa liberté de parole et ne craint pas de citer le nom des personnes qu'il accuse.

Une colère compréhensible

Comme Philippe Chabin, Willy Pasche et d'autres syndicalistes ou observateurs spécialisés qui ont fait savoir qu'ils ont été auditionnés par la commission d'enquête, il ne décolère pas contre le refus des députés de rendre public le contenu du rapport d'enquête parlementaire, décision votée à la quasi unanimité de l'Assemblée nationale, le 30 novembre 2011, à la surprise générale[59]. « Alors que nous avons pris le risque de dévoiler des vérités explosives au législateur dans le cadre d'un rapport qui devait être rendu public, cette censure nous fait subir une deuxième fois l'omerta dont nous avons été victimes pendant des années et dans le cadre de notre travail », s'insurge-t-il. Cette dérobade parlementaire est d'autant plus cruelle à supporter, en effet, que ces syndicalistes ont été en première ligne depuis le début dans cette affaire : le tabou qui pèse depuis des décennies a rendu possible à la fois la multiplication des abus et les représailles qui se sont abattues sur eux.

« Déjà que je n'ai pas eu le temps de tout dire à la commission, soupire Hédy Sellami, ils l'enterrent ! » À ce sujet, il est inté-

59. Seuls quelques députés ont défendu la décision de publier le rapport parlementaire, tels Nicolas Perruchot (Nouveau Centre), à l'origine de l'enquête, Francis Vercamer (Nouveau Centre) et Arnaud Richard (UMP), qui a transgressé la consigne de vote que le gouvernement Fillon avait fixée au groupe UMP leur demandant de s'abstenir afin que, faute de majorité, le rapport soit rejeté.

ressant de noter que le rapport officiel lui-même (que publiera finalement le magazine *Le Point*, le 16 février 2012) ne comporte aucune citation de l'audition d'Hédy Sellami, celle-ci étant reléguée dans les annexes qui, elles, sont restées secrètes. Il faut savoir que les propos les plus instructifs se trouvent généralement dans le compte rendu intégral des auditions, qu'on trouve dans les annexes des rapports. Dans ce cas précis, le texte des auditions, qui comporte tous les détails des questions et des réponses de chaque personne entendue, est hélas toujours caché. On peut d'autant plus le regretter que ce texte aurait permis de confronter les déclarations des grands leaders syndicaux avec les révélations des pratiques illégales. Ce qui pouvait éventuellement donner lieu à des mises en cause et des actions en justice…

Cet épisode n'a pas entamé la détermination de l'ex-salarié de *La Vie ouvrière*. Il sait que les remous autour du rapport censuré ont rendu plus urgent de percer l'abcès des dérives financières des structures syndicales. Sa réactivité en ressort même plus forte : dès qu'il a appris que le rapport parlementaire allait être détruit, il a décidé d'envoyer une lettre en recommandé avec accusé de réception au député Richard Maillé, lui demandant de rendre public son témoignage auprès de la commission. « Je sais bien qu'il ne le fera pas, mais c'est une forme de réponse aux propos de M. Maillé qui se moque du monde en affirmant notamment que les séances n'ont pas été rendues publiques parce que les personnes auditionnées auraient, en somme, peur de parler publiquement. » Il a écrit également au président de l'Assemblée nationale de l'époque, Bernard Accoyer (UMP), qui lui a répondu qu'il s'en tiendrait à la décision des députés.

« Personne ne veux briser la mécanique bien huilée qui rend corvéables les fédérations », confirme Jean-Michel Jouanne, un ancien cadre de *La Vie ouvrière* détaché par Thomson, qui a bien connu ce système avant de quitter récemment la CGT. Il déplore l'inertie qui en résulte : « En tant que militant, cela me révulsait, tout particulièrement les emplois fictifs ou quasi fictifs, et je le faisais savoir. Après divers démêlés, j'ai fait partie d'une charrette de "licenciements" par la direction de *La Vie ouvrière.* Pour m'amadouer, on m'a fait entrer comme responsable syndical dans le groupe d'assurance AG2R. Une fois sur place, je me suis rendu compte que c'était littéralement un emploi fictif. D'autres en auraient profité sans rien dire, mais mon attitude a été de me révolter. On m'a donc réintégré à *La Vie ouvrière* ! À partir de ce moment-là, les choses ont tourné en une sorte de guerre d'usure infernale. Pour finir, j'ai accepté un licenciement transactionnel, c'est-à-dire un départ négocié[60]... » Depuis, il a pris ses distances de façon assez singulière avec ce petit monde puisqu'il s'est converti dans le métier de... clown d'entreprise. Un vrai clown qui intervient dans les sociétés pour faire rire les cadres stressés en brocardant les travers des dirigeants et les aléas de leur vie professionnelle. Cela ne s'invente pas.

Ses propos font largement écho à ceux du journaliste juriste qui ironise sur les vertus syndicales de cette générosité : « Je peux vous certifier que les gens profitant de ce système d'enveloppes n'ont aucune envie de lutter, de critiquer ou de faire quoi que ce soit d'approchant, ni contre le patronat, ni contre le gouvernement, ni a fortiori contre les dérives de leur syndicat. Ils ne tiennent qu'à une chose : garder leurs rémunérations et tous leurs avantages. Ils veulent conserver leur planque. Et, pour cela, ils devaient ménager à la fois la direction de la CGT, la direction de la *VO*, leur employeur la Sécu... » Il nous cite d'autres exemples de personnes qui étaient détachées de diverses entreprises (EDF, notamment) et rémunérées à la fois par leur employeur et par la revue. Puis un « paquet de planqués », dont des dirigeants syndicaux indélicats.

60. Entretien avec les auteurs, mai 2012.

Au passage, des témoignages croisés nous signalent un procédé pour gonfler les chiffres des adhérents au syndicat, au sein de la revue : des employés qui ne s'acquittaient d'aucune cotisation reçevaient leur carte et leurs timbres sans verser le moindre centime. Nous retrouverons cela dans d'autres grandes entreprises.

Au-delà même de toutes ces pratiques, il est frappant d'observer que la progression de la masse salariale au fil des années est en complète contradiction avec le fruit des ventes. Les élus du comité d'entreprise ont eux-mêmes tiré le signal d'alarme : « Si l'on effectue une projection de coût semi-complet sur *La Vie ouvrière Impôts* [N.D.A. : le numéro dont les ventes rapportent habituellement le plus d'argent à l'entreprise], on s'aperçoit que la masse salariale requise aujourd'hui pour réaliser ce produit a considérablement augmenté, ce qui nuit à la profitabilité du produit, même si par ailleurs on est bien obligé de relever une plus-value éditoriale [...]. Cette masse salariale a considérablement augmenté alors même que l'espérance de rentabilité de ce produit, qui reste essentiel pour l'entreprise, est en baisse constante. Elle est aujourd'hui passée à 117 512,94 euros. La logique économique devrait nous conduire à consolider la rentabilité de *VOI* [NDA : *Vie Ouvrière Impôts*], qui persiste en dépit du repli des ventes[61]. »

De gros transferts d'argent

Un autre aspect mérite l'attention. Jusqu'en 1993, *La Vie ouvrière* payait un loyer annuel d'un demi-milliard d'anciens francs, équivalant à 763 000 euros (soit 63 583 euros par mois) pour ses locaux parisiens, au 33, rue Bourret, dans le 19e arrondisse-

61. « Réflexions du comité d'entreprise de *La Vie ouvrière* sur la stratégie de l'entreprise. »

ment[62]. Une somme énorme, difficilement explicable, d'autant que leur mise en vente a fait apparaître finalement qu'elle était propriétaire de ces locaux puisqu'elle les a mis en vente pour plus de 3 millions d'euros (équivalent francs). Lorsqu'elle a déménagé pour se rapprocher du siège de la CGT, au 263, rue de Paris à Montreuil, elle a dû débourser beaucoup d'argent simplement pour le déménagement, ce qui est aussi exubérant. Les loyers étaient payés à une SCI gérant le parc immobilier de la CGT. Comment *La Vie ouvrière* a-t-elle pu s'acquitter de pareilles dépenses ? D'où venait l'argent ?

La directrice de la *NVO* plaide l'ignorance, tout en garantissant que le journal n'en a pas souffert : « Je n'ai guère d'éléments, au sujet de cet événement intervenu il y a maintenant vingt ans. Je sais qu'il s'est opéré dans des conditions difficiles du fait de l'obligation de renoncer à la construction d'une aile de bâtiment consacrée à la presse, dans la Bourse nationale du travail. Le transfert a traîné en longueur. Mais dans ce transfert les intérêts du journal qui a pu enfin se rapprocher des organisations de la CGT ont été préservés. »

Les interrogations pleuvent. *La Vie ouvrière* a-t-elle servi de « lessiveuse » pour des fédérations ou pour recycler de l'argent provenant d'entreprises voulant se protéger contre les mouvements sociaux ? Ces questions sont précisément celles qui ont agité les neurones de certains élus, des députés qui ont entendu parler du système. Préférant qu'on taise leur nom (décidément, la vie financière des syndicats les rend très frileux), ils acceptent néanmoins de reconnaître qu'ils ont eu vent de transferts financiers vers des fédérations CGT, des unions locales ou départementales où des syndicalistes étaient supposés s'occuper de *La Vie ouvrière*...

62. Documents en possession des auteurs.

Hédy Sellami, l'ex-journaliste de *La Vie ouvrière*, a déposé plusieurs plaintes au pénal au titre d'« abus de bien social » et de « détournement », mais certaines d'entre elles ont curieusement disparu du tribunal de Bobigny. Ses récépissés de dépôt de plainte lui permettent d'en apporter la preuve et il compte bien ne pas en rester là, notamment en agissant en citation directe, voire auprès de la Cour européenne des droits de l'homme.

V

LE FONDS D'INTÉGRATION PROFESSIONNELLE DES PERSONNES HANDICAPÉES

« Interventions davantage tournées vers le financement d'actions en direction des entreprises ou de leurs institutions représentatives que vers le soutien direct à l'emploi des personnes handicapées, quasi-absence d'évaluation de l'efficacité des actions financées, réserves de trésorerie peu compatibles avec un statut d'association à but non lucratif, compte de résultats ne retraçant pas l'intégralité des dépenses de l'association... » Ces griefs n'ont pas été formulés par un enfant accusant sa sœur d'avoir plongé la main dans le pot de confiture, mais par les sénateurs qui, en 2005, ont voulu mettre fin à la monomanie de l'Association de gestion du fonds pour l'insertion professionnelle des personnes handicapées (Agefiph), distribuant 41 % de son argent aux entreprises et aux structures territoriales des syndicats patronaux qui siègent parmi ses dirigeants

(Medef, FNSEA et CGPME)[63]. Les informations des sénateurs n'étaient pas farfelues, elles provenaient de la Cour des comptes[64].

Des milliards distribués « à l'aveugle »

À vrai dire, il est difficile de ne pas suffoquer en observant la manière avec laquelle l'Agefiph, dont la mission est avant tout d'aider les personnes handicapées à s'intégrer dans le marché du travail et à maintenir leur emploi, a distribué des milliards pendant vingt ans. Il est particulièrement triste de devoir dire que la boue dans laquelle l'organisme s'est enlisé vient du fait que la gestion de l'organisme a été confiée aux syndicats d'employeurs du privé et aux principaux syndicats de salariés, auxquels s'ajoutent des représentants d'associations et des personnalités qualifiées. La Cour des comptes l'a dit à sa façon : « L'Agefiph semble avoir, dès l'origine, privilégié une conception minimale de son rôle vis-à-vis de partenaires qui, en matière d'insertion professionnelle des handicapés, sont en position de juge et partie puisqu'ils disposent de la majorité des sièges au conseil d'administration de l'Agefiph et qu'ils sont, par l'intermédiaire des organisations patronales et, à un degré moindre, syndicales, les principaux opérateurs des actions de l'association en direction des entreprises. »

On peut s'interroger également sur l'attitude de l'État qui a laissé ce système se mettre en place et qui a même contribué à son fonctionnement. La Cour des comptes a d'ailleurs tenu à signaler que « l'État ne saurait s'exonérer de sa responsabilité dans cette

63. Cette liste de griefs a été rappelée par les sénateurs en 2005 pour défendre le projet de réforme de l'article 11 du Code du travail.
64. Rapport 2002 de la Cour des comptes.

situation ». En effet, il dispose de « moyens d'action par l'approbation du budget d'intervention de l'association et par le fait que les actions initiées par celle-ci ne peuvent trouver de réalisations concrètes sur le terrain sans la participation active de ses services ».

Lutter pour que les employeurs ne rejettent plus les personnes ayant un handicap et fassent preuve d'équité avec cette population particulièrement vulnérable est une belle mission qui nécessite en principe un sens scrupuleux de la gestion et de la comptabilité, d'autant que le fonds en question n'est pas négligeable puisqu'il reçoit des centaines de millions d'euros par an (600 millions chaque année en moyenne au cours de la dernière décennie), un pactole constitué des sanctions appliquées aux entreprises qui ne respectent pas les 6 % de quotas d'embauche de personnel handicapé, soit 40 % de celles qui comptent plus de vingt salariés[65]. Hélas, les dirigeants de l'Agefiph n'ont pas vraiment brillé en la matière, la Cour des comptes rappelant que les « actions » financées n'avaient jusqu'alors pas eu d'impact sur l'emploi et que le généreux distributeur s'était peu soucié de vérifier leur consistance réelle. L'explication relèverait-elle du conflit d'intérêt ? Le rapport le laisse entendre avec une pointe d'humour : « Le fait que les opérateurs et les bénéficiaires d'une large part des financements de l'Agefiph soient directement représentés au conseil d'administration n'a pas été de nature à stimuler une

65. La législation (loi 2005 renforçant celle du 10 juillet 1987) impose à toute entreprise comptant vingt salariés et plus l'obligation de compter dans son personnel au moins 6 % de personnes handicapées, par embauche directe ou par contrats avec les institutions du milieu protégé. Les entreprises qui ne respectent pas ce pourcentage doivent verser une contribution annuelle allant de 400 à 600 fois le smic horaire, et ce montant peut grimper jusqu'à 1 500 fois le smic horaire par salarié handicapé manquant si elles ne font pas d'effort.

réflexion de fond sur l'évaluation de l'impact des mesures et des modalités de leur mise en œuvre. »

Le système a amplement profité aux entreprises qui se sont pressées au guichet, avec la bénédiction des organisations patronales mais aussi, ce qui est plus surprenant en soi, sans que les syndicats ouvriers n'y trouvent rien à redire. Certains y verront une confirmation supplémentaire de la pertinence des formules populaires répétant : « Les syndicats s'entendent entre eux derrière notre dos », ou : « Ils sont vendus. » Les syndicalistes intègres et tous ceux qui savent que les luttes des salariés restent la seule arme pour tenir les employeurs et les gouvernements en respect, malgré la corruptibilité des organisations, ont du pain sur la planche pour en convaincre l'opinion publique.

Des versements sans base légale

Poursuivons. En 2009, le journaliste Erwan Seznec a recueilli le témoignage de chargés de mission dans les régions. L'un d'eux, à l'issue de deux années de rémunérations, laisse pantois : « Pendant ce temps, je n'ai rien, strictement rien accompli en termes d'insertion des handicapés. Les missions d'information auprès des entreprises étaient inexistantes. Je me contentais de faire circuler une feuille d'émargement à la fin d'une quelconque réunion de patrons de PME, pour faire croire que j'avais fait ma tournée. L'Agefiph n'a jamais réagi. Pourtant, mes faux étaient grossiers[66]. »

La direction a même généreusement versé à ses propres administrateurs près d'un demi-million d'euros chaque année, en particulier pour des frais dit d'« assistance », dont on suppose qu'une

66. Frédéric Charpier, Benoît Collombat, Martine Orange, David Servenay et Erwan Seznec, *Histoire secrète du patronat de 1945 à nos jours, le vrai visage du capitalisme français*, éditions La Découverte, 2009.

partie au moins a été aux syndicats à travers l'« emploi d'assistants ». Ce qui a fait aussi tousser la Cour des comptes, les magistrats signalant au ministère des Finances que « dans le silence des statuts, un tel versement est dépourvu de base légale[67] », et pointant le fait qu'il n'était « pas acceptable qu'aucune pièce justificative probante ne soit fournie par les bénéficiaires ». Devant ce constat, on pouvait s'attendre à ce que l'Agefiph revienne sur ses pas, mais elle a préféré entériner dans ses statuts le principe de cette rémunération. On peut difficilement imaginer que les responsables se soient permis ce pied de nez sans avoir peu ou prou la garantie du ministre de tutelle qu'ils ne seraient pas sanctionnés... Cette rémunération n'est plus aujourd'hui contestée par aucun responsable, la direction de l'Agefiph affirmant que les versements se font à présent en toute clarté comptable et sur présentation de justificatifs indiscutables [voir annexe 4].

Des entreprises sont tout bonnement exonérées de contribution et obtiennent même de l'Agefiph des aides à l'embauche en proposant des emplois si peu accessibles aux personnes handicapées qu'elles ne peuvent les assumer. Ainsi, le secteur du bâtiment et des travaux publics, qui n'est pas le plus ouvert au handicap, est l'un de ceux qui en ont le plus profité pendant des années en recevant un montant de subventions de l'Agefiph presque deux fois supérieur à celui des cotisations qu'il a dû verser en ne respectant pas le quota d'emplois.

Les organisations patronales toujours à la manœuvre

L'Agefiph est clairement apparue comme un organisme apportant toutes sortes de financements aux syndicats d'employeurs,

67. Rapport 2002 de la Cour des comptes

et plus accessoirement aux syndicats de salariés. Fermer les yeux s'est ainsi imposé comme l'une des conditions générales laissant les uns et les autres vampiriser le fonds, ce qui a permis à d'innombrables personnes de profiter du système sans être surveillées, tandis que les organisations patronales siégeant au conseil d'administration conservaient le contrôle de nominations stratégiques à la direction de l'Agefiph. Aujourd'hui, les syndicats d'employeurs conservent toujours une grande partie du marché dans les régions, malgré l'application officielle, depuis 2009 (à la suite des inspections de la Cour des comptes renouvelées en 2007), de règles de marché assurant la transparence du choix des acteurs retenus pour mener les démarches de sensibilisation et de suivi des sociétés pour l'intégration des handicapés.

Ces différentes dérives relevées par la Cour des comptes ressemblent en de nombreux points à celles qu'on a pu constater dans les autres secteurs. Mais il est évident qu'elles sont plus révoltantes puisqu'elles s'exercent au détriment des personnes handicapées qui, rappelons-le, est la population la plus gravement touchée par le chômage et l'exclusion sociale[68]. En approchant certaines agences de recrutement spécialisées dans le secteur de l'intégration du handicap, qui reçoivent des aides de l'Agefiph, nous avons rencontré surtout des dirigeants d'entreprise qui craignent trop de se mettre mal avec l'organisme pour articuler clairement leurs critiques, encore aujourd'hui.

L'Agefiph accorde de nombreuses subventions aux entreprises quand celles-ci mènent des actions en faveur de l'intégration des personnes handicapées. Ces versements semblent logiques et ils sont conformes aux règles qui encadrent l'organisme mais, dans les faits, les choses sont plus discutables.

68. Sur ce point, voir Nathalie Bellity, *Déployer mes ailes*, éditions First, 2008.

L'enquête des magistrats de la Cour des comptes en 2002 a même évoqué que le dévoiement de la prime à l'insertion pouvait concerner 50 % des dossiers (le président de l'Agefiph de l'époque affirmant quant à lui que la fraude, de façon générale, ne concernait que 1 % des cas). Sont-ils toujours accordés sans preuve que ces actions ont réellement été menées, en se contentant des déclarations et d'un principe de « bonne foi », comme s'en indignait la Cour des comptes ?

« Quelques progrès »

Dans leur rapport de 2007, les magistrats comptables ont relevé « quelques progrès » : « Une gestion plus dynamique et une meilleure présentation des comptes ont été globalement constatées ; des améliorations touchant à l'organisation et au fonctionnement de l'association ont été en effet décidées et mises en œuvre par la direction générale en 2004, notamment dans les domaines budgétaire et comptable, et un meilleur suivi des actions financées a été amorcé. » Ils constataient aussi qu'un département d'audit, de conseil juridique et de contrôle, directement rattaché à la direction générale, a été créé. On peut s'en réjouir en découvrant l'importance de sa tâche : « Il a pour mission prioritaire d'évaluer l'activité des assistants des administrateurs et la réalité de leurs prestations [sic !] avant que des indemnités soient versées (0,46 million d'euros en 2004), et d'instruire les demandes de subventions présentées par des organisations qui siègent au conseil d'administration (3,25 millions d'euros). » De fait, cette mission consiste ni plus ni moins à réduire les conflits d'intérêts de ceux qui restent… juges et partie.

L'Agefiph affirme que la situation s'est améliorée progressivement, avec des moyens de contrôle accrus [voir annexe 4], même s'il est toujours difficile d'éviter les stratagèmes montés par les petits malins. Désormais les entreprises ne peuvent plus se contenter d'envoyer une note en arguant de leur seule bonne foi, pour recevoir de l'argent. Il était temps. Et l'on peut s'en féliciter car le renforcement de l'obligation d'emploi des handicapés, depuis la loi du 11 février 2005, a entraîné une hausse importante du fonds de l'Agefiph, qui est passé de 420 à 613 millions d'euros. Cette hausse de 44 % ne s'inversera d'ailleurs que si les employeurs se décident à embaucher plus de personnes handicapées. Dans le cas contraire, les syndicats qui gèrent ce fonds auront toujours plus d'argent à redistribuer... Bien sûr, nul n'oserait imaginer que le Medef et ses partenaires aient jamais eu l'idée de tirer profit d'une pérennisation de cette tendance. Mais on se demande bien pourquoi les autorités politiques ne se sont toujours pas décidées, une fois pour toutes, à fixer le budget de l'Agefiph indépendamment de la récolte des cotisations provenant du non-respect du quota d'embauche.

L'enfance du FIPHFP

Sans doute les choses partaient-elles d'un bon sentiment quand la Cour des comptes notait, en juin 2003, qu'aucune sanction n'était prévue à l'encontre des employeurs publics ne respectant pas le quota de 6 % d'emplois de personnes handicapées. Elle soulignait que l'État et les acteurs publics devaient montrer l'exemple en ce domaine en respectant les règles qu'ils édictaient. Or, ce n'était pas franchement le cas puisque le secteur public se révélait en retard sur le secteur privé...

Fort de ces observations, le législateur a créé, en janvier 2006, un Fonds pour l'insertion des personnes handicapées dans la fonction publique (FIPHFP), une sorte de petit frère de l'Agefiph, version fonctionnaires. Pour un marché couvrant près de 53 000 organismes employeurs et une récolte annuelle de l'ordre de 250 millions d'euros par an.

Après moult pressions et tergiversations, le gouvernement a offert au FIPHFP une certaine autonomie avec un exécutif propre et un régime financier et comptable de droit commun. Sous ce statut l'autorisant à certaines libertés, il confiait sa gestion à la Caisse des dépôts et consignations, assortie d'un « organe délibérant », un comité national composé de syndicats d'employeurs et de salariés, et de représentants des personnes handicapées.

Les organisations syndicales auraient dû se réjouir de ce nouveau dispositif leur offrant un rôle déterminant, a fortiori avec le pouvoir de choisir elles-mêmes le président du comité national au lieu qu'il soit nommé par un ministre. Mais elles n'ont pas supporté que des représentants de l'État siègent parmi elles — bien qu'ultra-minoritaires (trois sur dix-sept). En 2008, la Cour des comptes constatait les sérieux tiraillements qui en résultaient et relevait même une curieuse attitude de la Caisse des dépôts, qui éprouvait des « réticences à répondre aux demandes légitimes, car dictées par les textes réglementaires, de l'agent comptable du FIPHFP s'agissant, en particulier, de la fourniture d'informations indispensables à l'exercice de sa mission ». La Cour constatait d'autres fantaisies, comme de facturer au FIPHFP des prestations à une époque où il n'existait pas encore : « Il paraît difficile d'admettre que le FIPHFP, établissement créé le 1er janvier 2006, se voie facturer des coûts de "gestion administrative" engagés en 2005 par un organisme qui n'a reçu mandat de ladite gestion qu'en mai 2006. » La Cour recommandera de les laisser à la charge de la Caisse, ce que le ministre des Finances fera en s'étonnant à son tour de l'aberration.

Comme le reconnaît le ministre des Finances, la crise au sein du FIPHFP l'a poussé, dès juillet 2007, à se débarrasser de la présidente du comité national qui représentait l'État et à accepter la démission du directeur, qui sera remplacé aussitôt.

Il est amusant d'observer que le FIPHFP, devenu opérationnel à l'automne 2007, a dû mettre en demeure des institutions d'État d'effectuer leur déclaration d'emploi de personnes handicapées, dont l'École nationale de la magistrature, La Poste, des ministères tels que celui de l'Économie, des Finances et de l'Industrie, ainsi que des établissements publics travaillant dans le secteur des personnes handicapées. Après une relance ferme, ces organismes ont obtempéré et versé la sanction financière prévue par la loi. Pour l'anecdote, ceux qui ont le plus tardé à payer, et sont ainsi devenus justifiables d'un recouvrement forcé par titre exécutoire, ont été le ministère de la Justice (4,8 millions d'euros), les services du Premier ministre (236 000 euros) et le ministère de l'Outre-mer (44 000 euros).

Un décalage important n'a pas tardé à apparaître entre la récolte des fonds et leur utilisation. Et plus encore entre les rentrées annuelles prévues pour les années suivantes (250 millions d'euros) et leur distribution aux bénéficiaires, soit 110 millions d'euros au maximum, dans le cas le plus optimiste où les initiatives pouvant donner lieu à une aide flamberaient. Les gouvernements ne résisteront pas à l'envie d'en siphonner une partie, et les syndicats s'emploieront à renforcer leur position sur ce marché.

DEUXIÈME PARTIE

DES SYNDICATS QUI N'AIMENT PLUS LES SALARIÉS

VI

LA POSTE, SES TIMBRES ET SES SECRETS

Connaissez-vous Phil@poste ? C'est la direction qui, au sein de La Poste, gère l'univers des timbres français. Elle a succédé en 2006 au Service national des timbres-poste et de la philatélie (SNTP), une aile du ministère des PTT[69] chargée de l'ingénierie, de la fabrication, de la vente et de la promotion des timbres-poste, des produits philatéliques et des valeurs fiduciaires. On imagine volontiers un monde feutré entièrement voué à ces merveilleuses petites images dentelées que les philatélistes couvrent de leurs soins et ne manipulent qu'avec des pincettes. Un monde délicat, conscient de produire des œuvres d'art aussi fragiles que précieuses. Une entreprise d'esthètes, en somme, où la direction et les salariés entretiendraient des relations respectueuses et soucieuses de défendre leurs intérêts mutuels.

69. Postes, Télécommunications et Téléphones.

Le fait est que la « paix sociale » règne officiellement chez Phil@poste et que les syndicats la protègent jalousement. En s'approchant de plus près, on peut constater néanmoins qu'ils n'aiment pas beaucoup être observés, et qu'ils se raidissent…

Tentative de suicide d'un élu CFDT

Le 9 janvier 2012, une alerte nous a conduits à franchir la porte de cette immense entreprise : une tentative de suicide. Le directeur des marchés extérieurs, un cadre de 52 ans, venait de se taillader les veines dans son bureau. Un acte apparemment paradoxal puisque l'homme, dont les compétences étaient incontestables, devait prendre la direction commerciale de la société et était connu pour son énergie d'élu CFDT et de membre du CHSCT (comité d'hygiène, de sécurité et des conditions de travail). Ce matin-là, les employés ont découvert sur le tableau blanc de son bureau, habituellement couvert de messages destinés aux services, trois mots simples et terribles : « Je suis mort. » Pour les employés du service qui osent nous parler, il ne fait aucun doute que son geste est complètement lié au harcèlement de sa hiérarchie, lequel ne faisait plus mystère pour personne depuis longtemps. « La direction l'agressait continuellement et le placardisait », explique l'un d'eux. Visiblement on voulait s'en débarrasser parce que ses positions ne cadraient pas avec les plans de restructuration. Pascal Panozzo, un responsable des instances nationales des CHSCT pour SUD-PTT, précise que « la direction lui proposait un simple poste de chargé de mission, autant dire rien ». À la CFDT, après coup, on accuse « la restructuration à la hussarde ». Une expression qui va nous apparaître bien faible au regard des pratiques en cours et de l'ambiance générale… Un employé qui connaît bien cet homme nous a résumé la situation : « Il a été harcelé par des personnes de la direction, usé et lâché par tout le monde, les syndicats n'ont pas bougé et il a fini par tomber dans la dépression... On l'a sauvé in extremis. Il était représentant de la CFDT, qui a bougé un peu. »

Harcèlements moraux sur fond d'indifférence syndicale

En réalité, la tranquillité philatélique des services cache une violence sourde, pour ne pas dire une ambiance sulfureuse et des pratiques que les syndicats auraient dû combattre et dénoncer depuis longtemps. D'autres cas de harcèlement nous sont signalés à Phil@poste et plus largement à La Poste, suivis d'une démission ou d'un licenciement, parfois même de suicides.

Tous méritent une grande attention, mais certains nous sidèrent, comme le renvoi d'un responsable du contrôle de gestion et le départ curieusement précipité de l'adjointe de la directrice des ressources humaines. Le premier est particulièrement éloquent car il s'agit d'un homme qui a été récemment embauché après avoir quitté le comité central d'entreprise de la SNCF en espérant trouver une atmosphère saine, loin des pratiques éprouvantes qu'il y a connues[70]. Il s'agit d'Antoine Rousseau, l'homme qui s'était refusé à couvrir les tripatouillages dont il avait été le témoin au CCE ferroviaire géré par la CGT. Mais il allait tomber de Charybde en Scylla, son intégrité étant tout simplement devenue sa croix...

Au début, tout se passait bien, la direction ne tarissait pas d'éloges sur l'exécution de son travail et son implication professionnelle. Puis, au fil du temps, parallèlement à la dégradation des conditions de travail des salariés et à la pression de

70. Voir *infra*, pages 123 à 125.

plus en plus forte sur le rendement, il a découvert des choses étonnantes, des pratiques qui devenaient courantes : « Des relations étroites avec les fournisseurs, des repas luxueux offerts à des syndicalistes et d'autres, des hôtels cinq étoiles pour les séminaires de la direction, des petits cadeaux pour entretenir l'amitié, des primes ou des augmentations, voire des chèques-cadeaux parfois arbitraires... Toutes sortes d'opérations du même genre décidées par des membres de la direction, demandant au passage plus du double de jours en RTT que ceux prévus par leur statut, s'octroyant des remboursements de lunettes sans double signature, commandant régulièrement des vins alors que l'alcool est interdit dans l'établissement et que cet achat interne est totalement illégal[71]... »

Les agents de l'imprimerie des timbres pouvaient également bénéficier d'une « coopérative » interne, petit magasin qui leur permettait de faire leurs menus achats sur place et pendant leurs heures de travail. Ils bénéficiaient aussi d'un transport interurbain financé par la direction des ressources humaines de Phil@poste : un ramassage quotidien des salariés par autocar... qui restait vide la plupart du temps !

Distributions de timbres

D'autres profitent aussi de certains avantages délicats. Sans parler des albums de timbres offerts à Nicolas Sarkozy, grand amateur de bijoux philatéliques, de même qu'au conseiller culturel de l'Élysée, au ministre de l'Économie, au ministre de l'Industrie et au ministre du Commerce, qui a en charge La Poste, et à leur cabinet... Et, à chaque émission de timbres, les membres du comité

71. Entretien avec les auteurs, juin 2013.

exécutif de La Poste en reçoivent au minimum une planche de vingt ou quarante exemplaires chacun (soit une cinquantaine de planches par an). Cela représente un volume non négligeable de dons, d'autant que le programme philatélique, validé par le ministre, compte environ cinquante à cinquante-cinq timbres par an et que la production a été intensifiée pour passer à deux cents timbres différents. Les observateurs spécialisés disent qu'il y a eu plus de tirages en France en vingt ans que durant l'époque antérieure, depuis le début du timbre en 1850... Plus grave : des mini-albums (appelés « escarboucles ») sont produits à chaque tirage non seulement pour le président de La Poste mais aussi pour d'autres personnalités. Autant de petites attentions qui, cumulées tout au long de l'année, ont fait naître quelques démangeaisons chez certains, comme on peut l'imaginer.

Le plus choquant dans tout ça, c'est que les timbres offerts n'ont été soumis à une traçabilité officiellement applicable à tous qu'à partir de 2011.

Les questions du contrôleur de gestion à ce sujet et sur de nombreuses autres pratiques ont certainement dérangé ses supérieurs. On l'a alors déchargé de l'essentiel de ses attributions : analyse des documents destinés au directeur général, calcul des périmètres de chiffre d'affaires... Puis il a été progressivement tenu à l'écart des réunions et des principaux projets sur lesquels sa fonction l'appelait pourtant à intervenir... Sa placardisation était enclenchée, avec les procédés typiques d'isolement et de culpabilisation. En janvier 2011, poussé à bout, il a alerté sa direction générale en même temps qu'une de ses collègues sur cette situation, avant de demander expressément à la direction de déclencher le dispositif de prévention du harcèlement moral, prévu par le règlement intérieur de La Poste et par la loi[72].

72. Article L. 4121-1 du Code du travail.

Mais la réponse a progressivement pris la forme d'une « mise à pied conservatoire », puis d'un licenciement. La direction alléguera que le contrôleur de gestion a « entendu dévoyer la notion de souffrance au travail afin de monnayer son départ de l'entreprise ». Un argument que balayera son avocat, qui démontrera, documents à l'appui, qu'au contraire l'homme a toujours été un employé modèle et impliqué, souhaitant progresser dans ses fonctions.

« J'étais loin d'imaginer une chose pareille, soupire Antoine Rousseau. Je pensais avoir laissé loin derrière moi la situation détestable du CCE de la SNCF, les pratiques effarantes que j'avais observées... C'est comme un cauchemar dans lequel on replonge alors qu'on vient de se réveiller en croyant qu'on va pouvoir enfin respirer. Sauf que, cette fois, ce que j'ai constaté est encore pire. À côté, le CCE des cheminots était presque gentillet. Tout ça avec la bienveillance des syndicats qui, à la moindre rébellion des représentants de salariés, s'entendent avec la direction pour éviter les vagues. » Le contrôleur évoque différents cas, comme celui d'une collègue FO lâchée par son organisation et d'autres syndicalistes. Il souligne que les syndicats n'ont pas réagi sérieusement non plus devant certaines opérations qui portaient pourtant atteinte aux intérêts des salariés, par exemple quand Phil@poste a délocalisé en Roumanie une partie de son activité qui se faisait auparavant en Dordogne. De fait, les syndicats avaient vocation à s'y opposer avec force, d'autant qu'il s'agissait d'un établissement public qui, en tant que tel, aurait dû montrer l'exemple.

Comment expliquer l'attitude des responsables syndicaux face à toutes ces pratiques et leur tendance à se défiler au lieu de défendre le contrôleur de gestion ? À la clé de ce verrouillage, le système de subventions des syndicats par la direction de La Poste semble particulièrement efficace. Murmures des employés : « Le premier qui bouge voit sa subvention baisser, voire pire... » ;

« Avec ses subsides et ses cadeaux, la direction fait régner l'ordre qu'elle veut » ; « Vous voulez de l'argent, donc silence... »

L'ambiance est à la peur, la plupart des témoins se défilent, presque tous craignent que nous citions leurs noms ou qu'on les reconnaisse derrière leur récit. Même parmi les syndicalistes, que leur statut de « salarié protégé » préserve en principe des représailles de la direction[73], ceux qui parlent refusent de le faire à visage découvert. Leur discrétion est renforcée par un éventail de financements que les syndicats ne veulent pas perdre : « En matière de CE, nous sommes à la limite de l'admissible, nous souffle un syndicaliste embarrassé : avez-vous remarqué qu'il n'y a pas de CE à La Poste ? L'entreprise finance par contre des associations ou des entités, comme Azureva (chaîne de centres d'hébergement collectif, que les postiers jugent d'ailleurs prohibitifs), l'ASPTT, les cent deux associations de l'UNASSPTT, etc. » Cela permet en effet de tenir ceux qui profitent de ces faveurs.

Soucieux de vérifier la véracité des témoignages recueillis, à commencer par l'existence des dons philatéliques, nous avons interrogé la directrice financière, par ailleurs directrice des ressources humaines, Farida Keddari. Nos questions ont été directes :

– La distribution de timbres aux différents responsables syndicaux se fait-elle de façon égale ou varie-t-elle selon certains critères ?

– Si elle varie, quels sont ces critères ?

– Certains y voient une pratique contestable au plan déontologique, dans la mesure où elle pourrait nuire à l'indépendance qu'exige leur mandat syndical. Est-ce une critique fondée ou exagérée ? Quel est votre point de vue ?

73. Cette précieuse protection n'a qu'une efficacité très relative quand une direction veut vraiment user un syndicaliste, comme nous l'avons constaté dans de nombreuses entreprises, surtout quand il est lâché par sa fédération.

– D'autres personnes reçoivent-elles également ces dons ?

Sa copieuse réponse, ou plutôt celle qui nous a été retournée au nom du groupe La Poste[74], confirme quelques points essentiels, même si elle tient à écarter l'idée que la moralité de ces dons puisse être contestée. Elle reconnaît : « Jusqu'en 2011, Phil@poste a pu, dans le cadre des opérations de vœux de fin d'année, adresser à ses principales parties prenantes internes et externes (dont les organisations syndicales représentatives au niveau national participant aux instances de Phil@poste) un exemplaire d'une publication philatélique (typiquement : le "Livre des timbres" de l'année). Cette pratique n'a désormais plus cours. » Elle n'explique toutefois pas pourquoi elle a mis fin à cette pratique qu'elle tenait pour parfaitement morale. Pour ne prendre que l'exemple du « Livre des timbres », présenté comme typique, notons qu'il regroupe chaque année l'ensemble des timbres gommés édités par La Poste, c'est-à-dire de soixante à cent pièces.

Concernant les autres « parties prenantes », La Poste reconnaît aussi certaines distributions, tout en les minimisant : « Quelques cadres dirigeants de La Poste qui, par leur fonction, sont en position de représenter l'entreprise sur le plan commercial ou institutionnel, sont destinataires d'échantillons de certaines productions philatéliques en quantités extrêmement limitées : quelques unités de chaque timbre du programme philatélique. » De même : « Les plus hautes autorités de l'État (président de la République, Premier ministre, ministres de tutelle de La Poste), qui, par leur fonction, jouent en certaines circonstances le rôle d'"ambassadeur" de La Poste et des produits postaux, bénéficient pour cette raison des mêmes envois, avec les mêmes règles de contingentement[75]. »

74. Voir le texte intégral de réponse en annexe, document n° 3.

75. Réponse par courriel à nos questions adressées à Mme Farida Keddari, le 19 juin 2013.

Enfin, la direction précise : « Les règles d'attribution des timbres et produits philatéliques entrent dans le cadre normal d'une politique d'image et de valorisation des produits de La Poste, à l'instar de ce que pratique toute entreprise commerciale. Ces règles sont définies pour respecter strictement les pratiques éthiques et les obligations juridiques et fiscales générales, en prenant en plus en considération le caractère particulier du timbre qui est une valeur fiduciaire. La Poste est très attachée à l'application rigoureuse de ces règles, qu'elle a encore récemment rappelées et formalisées. » Récemment rappelées et formalisées ? On peut en conclure que la direction du groupe a récemment jugé bon de le faire.

La réponse a très visiblement pour souci d'affirmer que, si des transgressions existent, celles-ci ne sont pas du fait de la direction. Elle conclut d'ailleurs en enfonçant le clou : « La Poste en contrôle l'application, notamment par des audits et inspections internes. Si des pratiques contraires aux règles ou à l'éthique étaient établies, La Poste en sanctionnerait immédiatement les auteurs conformément à ses responsabilités particulières d'employeur et d'opérateur postal, et se réserverait la possibilité de saisir les autorités judiciaires compétentes. »

Comme beaucoup d'autres, le contrôleur de gestion a constaté ce verrouillage des syndicats, peu après son arrivée, avant d'en être lui-même une victime. Ses observations en interne sur les irrégularités qui lui ont sauté aux yeux lui ont valu une guerre d'usure intense sans que les syndicalistes lui viennent en aide. « Il s'agissait d'un véritable harcèlement moral venant de la DRH, qui cumulait aussi le poste de directrice financière. Mais aucun syndicat ne m'a aidé, j'avais même la désagréable impression de déranger tout le monde. Même mon syndicat, la CGC, s'est montré très fuyant. Il était clair qu'on ne souhaitait pas me défendre alors que mes éléments auraient dû les faire bondir. Plus personne ne me parlait. »

Finalement, la direction a dû se soumettre à l'ouverture officielle du protocole d'intervention dans le cadre du dispositif prévu par le Code du travail contre le harcèlement moral, mais elle tardera à le mettre en place. Et au lieu de favoriser l'apaisement dans un cadre de neutralité, elle a refusé de faire intervenir un directeur des ressources humaines externe à Phil@poste afin de prendre en charge la situation, et cela bien que le dispositif légal prévoie clairement des acteurs distincts pour assurer l'analyse de la situation et son pilotage.

Ensuite, Antoine Rousseau a appris que sa supérieure hiérarchique, qui était la directrice des ressources humaines et directrice financière, annonçait son licenciement aux syndicats, membres de la commission consultative paritaire, avant même le déroulement de l'entretien préalable. Devant cette commission réunie le 28 juillet pour voter un avis à ce sujet, il a expliqué, assisté d'un avocat, avoir été victime d'un harcèlement moral de la part de cette supérieure hiérarchique. Mais la commission, majoritairement composée de représentants de La Poste en l'absence du représentant CGC (!) qui ne s'est pas présenté pour l'occasion, a donné avis favorable au licenciement. Le 1er août 2011, il a reçu une lettre recommandée avec accusé de réception pour lui notifier son licenciement « pour faute grave » sans préavis et sans la moindre indemnité.

Antoine Rousseau a saisi les prud'hommes et la première audience aura lieu le 12 février 2014. Heureusement, les preuves de son honnêteté et de l'authenticité de ses griefs sont nombreuses et il a pris soin de les préserver pendant qu'il faisait l'objet des attaques de la direction. Son avocat, Me Emmanuel Burget, a versé tous les éléments au dossier. Un an plus tard, la direction de l'entreprise s'est permis de restaurer et de fouiller la messagerie du contrôleur pour tenter de charger son dossier.

De son côté, le directeur des marchés extérieurs a repris son activité à mi-temps en avril 2012. On peut espérer que les dirigeants de l'entreprise se montreront plus prudents avec lui, même si l'on peut douter de leur réel désir de réviser leurs objectifs de restructuration et leurs « méthodes de management ». De même, il serait bon que les syndicats se montrent un peu plus actifs dans leur défense des salariés avant que ces derniers ne tombent.

Suicides à La Poste

Mais au-delà des salariés de Phil@poste, ceux de La Poste n'ont pas tous échoué dans leur tentative de suicide...

En septembre 2011, une employée du centre financier de La Poste s'est suicidée sur son lieu de travail, dans le 15e arrondissement de Paris. Elle s'est défenestrée du quatrième étage de l'immeuble postal. Dans un premier temps, la direction a refusé d'y voir un lien avec ses conditions de travail. À l'instar de la direction, la CFDT a officiellement fait savoir qu'elle attendait les résultats de l'enquête pour commenter l'événement, tandis que des représentants cégétistes du personnel pointaient les pressions grandissantes sur les salariés et les restructurations visant à accroître la rentabilité. Des restructurations devenues permanentes depuis que La Poste, cette immense entreprise de 240 000 salariés, est devenue une société anonyme[76], en mars 2010. Le bilan social, publié en mai 2011, faisait déjà ressortir « une dégradation des indicateurs de santé au travail pour le personnel, avec notamment une hausse des arrêts maladie ».

Le 29 février 2012, au centre-ville de Rennes où un regroupement de plusieurs sites était en projet, un jeune cadre de 28 ans, père de famille, se suicidait en se jetant d'une fenêtre du

---

76. À capitaux publics.

quatrième étage du bâtiment où il travaillait. Cet ancien directeur du centre courrier de Lannion avait été mis à la disposition de la direction industrielle basée à Rennes, où il a mis fin à ces jours. Là aussi, les témoignages attestent que la hiérarchie le soumettait à un véritable harcèlement moral. La direction a présenté ce geste comme « incompréhensible ». Mais l'employé a laissé une lettre qui permet pourtant de comprendre les raisons qui l'ont poussé à bout. « Je suis remis en cause en permanence sur toutes mes actions », a-t-il écrit. Mis à l'écart par une nouvelle équipe de direction, il avait rencontré son futur directeur, la veille de son suicide, pour un entretien « qui s'était mal passé ». Il a ces phrases terribles : « J'ai tout pour être heureux, une femme aimante, une fille adorable... mais toute cette anxiété professionnelle a pris le pas sur ma vie privée » ; « Je préfère ne pas vivre dans un tel contexte opprimant. » Élodie, sa compagne, a tenu à lire sa lettre en public en expliquant : « Je fais cette démarche pour que ça ne se reproduise plus, parce que d'autres ont été mis au placard comme lui. »

Des enquêtes ont été diligentées par l'inspection du travail, ainsi que par la police judiciaire et le CHSCT. Par ailleurs, une plainte pour harcèlement moral a été déposée au tribunal de grande instance de Rennes. Deux membres de la direction pourraient être inquiétés car des témoignages les mettent en cause dans ce harcèlement. « Je ne comprends pas qu'ils soient toujours en poste alors que tout le monde sait ce qui s'est passé », s'indignait un délégué syndical le 24 avril 2012. La veille, des militants de la CFDT se postaient avec des photos de leur ancien collègue à l'entrée de la nouvelle plate-forme de distribution du courrier à La Chapelle-des-Fougeretz, au nord de Rennes, où la direction recevait les cinquante agents destinés à travailler bientôt sur le site.

Le drame allait être suivi dix jours plus tard par un nouveau suicide, celui d'un autre cadre, père de deux enfants, responsable des ressources humaines pour les établissements postaux de Concarneau, Trégunc et Rosporden. Cette fois, l'ensemble des syndicats de salariés formait enfin un front commun pour donner une conférence de presse et dénoncer le nouveau mode de management. « Les cadres qui n'ont pas la capacité à exécuter les consignes sans se poser des questions sont cassés », résumaient-ils. Alain Le Berre, représentant de la CGT, demandait qu'on arrête le massacre : « Les responsabilités doivent être assumées et révélées. Les sanctions doivent être prises. Nous demandons l'arrêt des réorganisations, une table-ronde sur l'évolution de l'entreprise. On est déjà allés trop loin. Il n'est pas question qu'on fasse une comptabilité des suicides. » Les « pressions permanentes » de la hiérarchie étaient à nouveau pointées.

En 2013, d'autres salariés de La Poste tenteront de se suicider, sans laisser d'ambiguïté sur le poids des nouvelles conditions de travail (en particulier des formes de harcèlement comme la « placardisation ») dans leur geste. L'un d'eux, âgé de 51 ans, Nicolas C., un cadre du service de la communication du groupe, ne pourra être sauvé.

Des questions émergent. On comprend mal pourquoi les syndicats ne se sont pas opposés d'emblée aux restructurations et à la stratégie générale d'usure contre les récalcitrants, qui avait déjà fait d'importants dégâts chez France Télécom — où les suicides avec des témoignages explicites s'étaient multipliés —, de même que dans la gendarmerie, la police, le Trésor public, l'Office national des forêts, l'Éducation nationale, Renault... Bien sûr, il n'est pas question d'exonérer la responsabilité des décideurs qui ont planifié cette refonte ni celle du gouvernement qui a impulsé cette politique. Bien au contraire, nous pensons qu'ils devraient en répondre devant une justice plus indépendante. Mais la responsabilité de ces derniers n'explique pas le « retard à l'allumage » des syndicats, pour ne pas dire l'indulgence et l'attitude d'accompagnement qui s'est substituée au syndicalisme de lutte qui aurait dû s'opposer à cette pression. Sans même parler de leur candeur inédite devant les remaniements préparant une privatisation des services postiers au pas de charge. Les délégués du personnel qui nous apportent leurs témoignages ne comprennent pas eux-mêmes cette facilité des fédérations et des confédérations à signer des accords.

Pour quelles raisons les syndicats ne se sont-ils pas plus mobilisés contre cette évolution ? D'autant que, comme le montrent les enquêtes réalisées à ce sujet, l'opinion publique est très attachée aux services postiers. Selon une étude de l'observatoire de l'opinion Viavoice pour Ogilvy et le quotidien *Le Monde*, La Poste arrive en tête du classement des grandes entreprises publiques les plus utiles sur le plan social à toute la population, 95 % des sondés estimant qu'il faut lui conserver sa capacité de couvrir l'ensemble du territoire, de créer des emplois et d'assurer sa mission d'intérêt général, en particulier en maintenant son « comportement vertueux » et son « inscription dans la vie quotidienne »[77].

Dans tous ces drames, les syndicats se sont fendus d'une déclaration dans la presse au lendemain des suicides, généralement pour exprimer une compassion et une critique globale de la pression sur les salariés, parfois pour se joindre à la demande d'enquête qui, de toute façon, était officiellement lancée. Mais cela ne réduit en rien le malaise devant le fait que les hautes instances syndicales n'aient pas pesé de tout leur poids pour s'opposer aux décisions de la direction de l'entreprise.

À l'examen, nous découvrons que La Poste est dirigée par une caste particulièrement fermée : celle des anciens élèves

77. Étude Viavoice, avril 2012. Sondage réalisé du 20 février au 5 mars 2012 sur un échantillon de 1 001 personnes, représentatif de la population française âgée de 18 ans et plus, selon la méthode des quotas.

de l'ENSPTT (École nationale supérieure des postes et télécommunications). Leur diplôme leur a donné un véritable statut d'administrateur et d'intouchables. Ce sont eux que l'on retrouve à tous les endroits clés du pouvoir. Ils n'aiment manifestement pas se mélanger et, si l'on en croit les témoignages des employés modestes, ce sont eux seuls qui prennent les décisions importantes. « De véritables petits califes », nous souffle-t-on. « À ce point-là, c'est devenu de la consanguinité, on en voit les résultats », explique un autre. « C'est comme un clan qui refuse de remettre en cause ses propres membres. » En écho, un observateur fait remarquer qu'« ils ont su tisser des liens pour profiter des mouvements de privatisation ». En tout état de cause, il y a peu de doute que les réseaux issus de l'appartenance à une même école jouent en faveur du consensus et du secret, surtout dans un climat de privatisation générale qui aiguise les appétits affairistes.

La Poste dispose aussi d'une machine très efficace vis-à-vis de la presse depuis qu'elle a mis en place un service de communication performant, l'Agence nationale de communication et d'information (ANCI), en charge des relations avec les médias. Cette agence permet de filtrer tout ce qui est publié sur La Poste et de tenir les dirigeants régulièrement au courant, et de contrôler les indiscrétions des journalistes. C'est dissuasif : les postiers rechignent à prendre le risque de parler à la presse, d'une part parce que la direction a interdit aux postiers fonctionnaires de le faire et d'autre part à cause des pressions. Un salarié nous le rappelle : « Des cas de filatures pressantes d'employés parlant à des médias ont pu être démontrés. Par exemple celui d'une postière en relation avec des journalistes lors d'une enquête de Canal +, qu'un gars de l'ANCI suivait comme son ombre pour s'assurer qu'elle ne dise rien de mal. »

Reste l'attitude des centrales syndicales qui, malgré les déclarations des uns et la réserve des autres, laisse sentir un immense embarras, pour ne pas dire une paralysie devenue chronique malgré les rodomontades des leaders. Pour le cas de notre contrôleur de gestion, ces centrales ont répondu positivement à la demande de la DRH de lui délivrer des attestations affirmant que tout allait pour le mieux à Phil@poste, que les relations avec la direction étaient excellentes et que cette dernière n'avait jamais cédé à des pratiques de harcèlement moral. Au risque de contredire l'actualité et d'oublier la tentative de suicide et les quatre membres de la direction débarqués début 2012. Au risque également de se contredire elles-mêmes puisqu'elles interpellaient ensemble la direction générale, fin 2012, pour l'alerter sur les dysfonctionnements, comme le révèle un document tombé entre nos mains.

Quand les timbres rapportent... aux stars

Revenons un instant à Phil@poste avant de mener nos pas vers d'autres secteurs où les syndicats font des prouesses pour sauver la « paix sociale ». Pour maintenir son chiffre d'affaires constant, l'entreprise a lancé une série de timbres personnalisés et de collectors (planches de quatre ou dix timbres) à l'effigie de stars de la chanson, de champions de football, etc. Double profit pour les stars : non seulement leur effigie sur des timbres leur apporte une consécration institutionnelle, avec tous les effets publicitaires qui en découlent, mais elle alimente aussi directement leur tiroir-caisse. Parmi d'autres, notre Johnny national en a bénéficié : ainsi, pour ne citer que cet exemple, un collector de dix timbres à son effigie a été lancé en 2009, vendu au prix de 14,90 euros par La Poste (et de 19,90 euros sur le site « Fanavenue » !). Il a fallu payer à Johnny Hallyday 1 euro de « droit à l'image » sur chaque collector vendu par La Poste. Ce qui a rapporté au chanteur près de 240 000 euros. Sans doute est-ce moins lucratif qu'un disque, mais il n'a eu qu'à lever le petit doigt pour les engranger, en signant le collector sous la phrase : « Pour partager avec vous cette dernière tournée. » Du côté de Phil@poste, en revanche, les choses ne sont pas si simples et auraient dû attirer l'attention des syndicalistes. Environ 300 000 collectors ont été vendus, alors que la direction en avait imprimé plus du double, soit 610 000 collectors, prévoyant officiellement d'en vendre 500 000 au minimum. Une telle erreur de gestion, qui s'est répétée avec d'autres stars dont Zidane, s'est bien sûr traduite par un important surcoût, sans compter qu'il a fallu payer 115 000 euros pour reprendre les « invendus » du site de fans, assumer les frais de destruction des stocks d'invendus restés à la charge de La Poste... On peut trouver dommage que ces généreux dérapages n'aient pas fait sursauter les syndicats à l'heure où les postiers sont contraints à la rigueur.

Il est vrai que le cas est fréquent. Comme le révèlent des documents que nous avons découverts, la programmation classique connaît régulièrement des volumes de vente en réel décalage avec les prévisions annoncées par les décideurs : un grand nombre de références sont tirées en grande quantité pour de très faibles ventes. Pour rester sur la seule année 2009, les timbres Panda, Condor, Rhinocéros ont été imprimés à 5,5 ou 6,5 millions d'exemplaires pour des taux de vente inférieurs à 40 %. Les 60 % restants ont été détruits lorsque les timbres ont été retirés des bureaux de poste.

En outre, la matière première est aussi détruite si le timbre est mal imprimé : un « taux de gâche » entre 20 et 30 % est habituel pour le circuit de Phil@poste. Rapporté aux 7 millions d'euros de matière première c'est au moins 1,4 million d'euros qui finit à la poubelle. Si le timbre se vend mal, au moins 20 % de la matière première « imprimée » suivra le même chemin, soit encore 1,4 million d'euros, ce qui porte à 2,8 millions d'euros le montant du gâchis. Quand le contrôleur de gestion a commencé à s'intéresser au coût réel des timbres et à cet indicateur qualité qu'est la gâche, le directeur de l'usine a interdit à ses services de lui transmettre les informations qu'il demandait. Dans ces conditions, comment les syndicats, qui connaissent bien ces chiffres, sont-ils parvenus à trouver audible l'argument de la direction qui, pour délocaliser une partie de son circuit de conditionnement de timbres en Roumanie, a évoqué la nécessité de faire des économies ? On se l'explique mal, d'autant que si la pression ne vient pas des syndicats il y a peu de chances qu'elle vienne des décideurs commerciaux eux-mêmes, puisque leur « part variable » ou prime annuelle est basée principalement sur le chiffre d'affaires, et non sur la rentabilité. Une telle disposition ne peut qu'inciter la direction à forcer les volumes de fabrication, même si les ventes sont déficitaires.

VII

LA CGT DÉRAILLE À LA SNCF

Notre tour de France des syndicats dans les grandes entreprises nous a conduits très naturellement vers les comités d'entreprise de la SNCF et, tout particulièrement, vers la structure qui les coordonne : le comité central d'entreprise. Situé à Paris, il regroupe les comités d'entreprise de l'ensemble de la compagnie ferroviaire, très largement acquis à la CGT puisque le syndicat détient la majorité de vingt-six CE sur les vingt-sept existants. Une société publique aussi puissante que la SNCF, abondant l'un des CCE les plus riches de France qui fait travailler 430 employés[78], justifie un examen approfondi.

Nous avons commencé à observer ce CCE en 2007. Nous voulions en finir avec le travers détestable consistant, pour de nombreux observateurs de la vie sociale et politique, à se foca-

78. Deux mille employés en comptant l'ensemble des CE régionaux de la SNCF.

liser sur les CE d'EDF et à jeter le discrédit sur la CGT qui les contrôle, voire sur le syndicalisme lui-même. Il n'était pas question d'entrer dans ce jeu et encore moins de suggérer que le cas d'EDF était représentatif d'une tendance générale, mais, tout au contraire, de voir si les choses fonctionnaient mieux au cœur du service public ferroviaire. Ce qui allait suivre était proprement inimaginable.

Les événements que notre curiosité a déclenchés — et les péripéties qui se succèdent désormais — ont pris une telle importance que notre enquête s'est naturellement poursuivie et qu'elle n'est sans doute pas près de cesser. Pour reprendre les métaphores qui se sont bousculées dans la bouche des salariés et de syndicalistes heureux de pouvoir enfin parler, notre passage a créé un appel d'air. Les cadres du CCE se sont enrhumés et leur voix s'est étranglée, mais des langues se sont déliées, en particulier celles des salariés qui n'osaient plus s'exprimer au sein de leur travail, évoquant des brimades incroyables à la moindre incartade. « Vous avez été pour nous une vraie bouffée d'oxygène », dit l'un, « vous nous avez aidés à crever l'abcès », nous explique un autre, dénonçant une atmosphère de représailles sur tous ceux qui, syndicalistes CGT ou simples employés, voulaient défendre leurs droits ou n'acceptaient pas de se conformer à « la ligne fixée par la direction du CCE ». Il a donc fallu entendre que la CGT pouvait se comporter comme un patron peu respectueux de ses employés non seulement en termes de droit du travail, mais aussi de liberté d'expression et d'organisation syndicale. Cependant ce n'était là qu'une petite partie du problème…

Le contrôleur de gestion qui voulait faire son travail

D'autres n'avaient pas attendu notre rencontre pour dire tout haut ce qu'ils pensaient et pour se rebeller, bien que craignant les pires représailles. Comme Antoine Rousseau, alors contrôleur de gestion au CCE, qui avait eu l'incroyable culot de vouloir faire son travail de contrôle. In fine, de s'étonner qu'on ne lui montre par tous les dossiers de passations de marché. Mieux : il ne lui avait pas fallu longtemps pour deviner l'existence de prestataires choisis pour des raisons échappant à la logique d'une vraie concurrence, telle l'entreprise Inefco, et de procédures financières douteuses qui permettaient le cas échéant d'alimenter des poches obscures... Prudent sur les termes, Antoine Rousseau nous laisse la responsabilité de traduire le sens de ses propos, mais d'autres témoignages et divers documents nous aident en montrant que des pratiques malsaines se sont développées au sein du CCE, laissant le champ libre à un système de commissions ou de rétrocommissions[79], alors que cet argent devait légalement servir aux cheminots. Nous vérifierons bientôt que le système a permis de sortir des sommes d'argent rondelettes qui ont donné lieu à des enrichissements personnels.

Le contrôleur de gestion a notamment constaté, avec d'autres salariés du CCE, l'achat de nombreux appareils de chauffage inexistants, d'éléments de cuisine fantômes... Des monceaux de factures comportent des anomalies qui n'auraient dû échapper à personne. Devant ses interrogations, ses supérieurs avaient souri en lui demandant de faire preuve de compréhension. Inflexible, le contrôleur avait refusé de fermer les yeux. On l'avait alors mis au pied du mur : soit il acceptait de faire preuve de mansuétude soit il devrait se résoudre à aller chercher un emploi ailleurs. « Je n'ai pas hésité : j'ai dit que je n'étais pas payé pour laisser passer des aberrations mais au contraire pour les pointer, et que je ne comptais pas rester les

79. Une rétrocommission est le retour discret d'une partie de l'argent des commissions vers ceux qui les versent et éventuellement vers ceux qui autorisent les transactions douteuses.

bras croisés si on ne tenait pas compte de mes signalements. Là, on m'a dit que je "jouais au con" et que je ne savais pas où je m'aventurais. C'est vrai que les choses sont devenues difficiles pour moi. Puis ils ont fini par me mettre sur le dos une irrégularité et le directeur m'a licencié pour faute grave[80] ! »

Notre premier rendez-vous remonte à l'année 2007[81]. Au début, Antoine Rousseau se méfiait, échaudé par les pièges de sa hiérarchie et redoutant les approximations médiatiques. L'idée que des journalistes puissent se glisser jusqu'à lui pour prendre le temps de recueillir intégralement son témoignage et braver ce syndicat puissant lui paraissait impossible. Ses supérieurs, syndicalistes CGT de poids et habiles communicants, avaient toujours réussi à neutraliser ceux qui s'étaient mis en travers de leur chemin, y compris des cadres un peu trop scrupuleux.

L'homme savait que d'autres salariés du CCE et des CE de la SNCF avaient connu un traitement similaire après leurs refus de couvrir des pratiques douteuses. En nous immisçant dans les affaires des CE des cheminots et du CCE, nous n'imaginions pas nous-mêmes pénétrer dans une telle tourbière prête à s'enflammer, et encore moins apporter aux employés l'occasion de se reconnaître, de se grouper et de se mutiner. Autrement dit, l'intrusion de l'oxygène a fait office de détonateur. Les détails de l'explosion méritent attention.

Ne cédant ni à la peur ni au découragement après son licenciement, le contrôleur de gestion a intenté un procès à la direction du CCE devant les prud'hommes, contestant le motif de son renvoi : « licenciement pour faute grave ».

80. Entretiens avec les auteurs, 2012 et 2013.

81. À l'occasion de notre première enquête : *L'Argent noir des syndicats*, Roger Lenglet, Christophe Mongermont, Jean-Luc. Touly, éditions Fayard, 2008.

Il demandait aussi que l'attestation d'une certaine Muriel Thibault — responsable du secteur des services généraux du CCE —, qui appuyait la décision de licenciement, soit considérée comme « sujette à caution en raison des liens maritaux unissant Mme Thibault à M. Bernard Thibault, secrétaire général de la CGT ».

Antoine Rousseau s'engageait dans une guerre de procédure qui allait durer quatre ans et l'obliger à avancer 6 000 euros pour les frais de justice. Ce parcours s'est néanmoins achevé devant la cour d'appel, qui lui a finalement donné raison le 26 mai 2010 en rejetant l'imputation de « faute grave », estimant que le licenciement n'était fondé sur aucune cause réelle et sérieuse, et que la direction ne respectant pas le règlement intérieur du CCE avait privé le salarié de la possibilité de se défendre[82]. Elle condamnait en outre son employeur à lui verser 33 000 euros d'indemnités.

Des cégétistes en lutte contre le CCE de la CGT

Jusqu'à l'arrivée d'Antoine Rousseau, tous les salariés du CCE étaient syndiqués à la CGT. Y voir le signe d'un manque de démocratie ne semble pas venir à l'esprit de la direction : « Si les employés ont tous rejoint le syndicat majoritaire, c'est parce qu'ils ont trouvé que c'est celui qui les défendait le mieux… » Soit. Mais les salariés ne voient plus les choses avec les mêmes verres, comme en témoigne le mouvement qu'ils ont courageusement lancé et qui les a conduits à créer un nouveau syndicat — « Tous ensemble » — et à y adhérer à… 80 % ! Un électrochoc pour la CGT, qui a immédiatement contre-attaqué en

82. Cour d'appel de Paris, pôle 6, chambre 9, extraits des minutes du greffe, arrêt du 26 mai 2010, numéro d'inscription S 08/10172.

saisissant les tribunaux pour faire interdire le concurrent, en contestant sa légitimité.

Les salariés en révolte n'en sont pas restés là. Non contents de créer leur organisation syndicale, ils se sont révoltés contre le fait que leur direction, malgré la loi de 1945 faisant obligation à tous les employeurs de plus de cinquante salariés de posséder un comité d'entreprise, leur refuse d'en créer un. Comme elle refuse par ailleurs de les voir créer un CHSCT, pourtant également obligatoire. Cerise sur le gâteau : l'absence de délégués du personnel. Qui aurait pu imaginer qu'un syndicat CGT refuse d'accorder à ses employés des droits qui, lorsqu'ils sont bafoués par des employeurs, le font traiter ces derniers de « patrons voyous » ?

Fausses factures, enrichissements personnels and Cie

Nous avons découvert que le CCE de la SNCF, doté d'un coquet budget annuel de 50 millions d'euros, souffrait de fuites importantes et continuelles que nul ne se souciait de colmater. Comment une comptabilité pourvue depuis toujours de contrôleurs a-t-elle pu payer des produits qui n'existent pas et qui n'ont donc jamais été livrés, tout en ayant donné lieu à une kyrielle de factures, qui elles ont bien été encaissées par les « fournisseurs » ? Qui plus est, des sociétés indiquant des immatriculations fantaisistes au registre du commerce, sans le moindre local professionnel, domiciliées dans de simples habitations… Les responsables des comptes et leurs services n'ont-ils pas précisément pour fonction d'éviter ce type d'opérations ? Sinon, à quoi servent-ils ?

Ces pratiques ont pris une ampleur étonnante au sein du CCE, au moins jusqu'à ce que nous enquêtions. Les « entreprises » bénéficiant de ces largesses invraisemblables existent bien et portent un nom : Demeter, Cristo, Yamoff, Reyco, BEP, Servitech, Demetrio, AMC Machines... Elles existent d'ailleurs encore et n'ont pas mis la clé sous la porte. Elles avaient l'habitude, jusqu'à notre arrivée, d'envoyer au CCE des factures pour des produits purement imaginaires. En un tour de main, des dizaines de milliers d'euros de dotation sociale des cheminots étaient régulièrement siphonnées grâce à ce système, et près d'un demi-million d'euros est ainsi passé dans des poches obscures depuis 2004. À l'occasion de la publication de nos premiers éléments d'enquête[83], nous avons communiqué quelques-unes de nos trouvailles à une équipe de journalistes de *Pièces à conviction* de France 3, en 2008. L'équipe a réussi à retrouver et à filmer les dirigeants d'une des sociétés en question, des gens du voyage confessant finalement qu'ils ne savaient ni lire ni écrire et qu'ils n'étaient là que parce qu'on leur avait demandé d'assurer cette fonction...

Le vendredi 23 mai 2008, la télévision diffusait des aveux gênés de ces hommes reconnaissant qu'ils ne savaient même pas déchiffrer les « factures » qu'ils étaient censés avoir rédigées. Le ridicule de la situation faisait rire de nombreux syndicalistes sincères, jusqu'au sein des organisations de cheminots, malgré leur indignation, comme l'illustrent les propos échangés sur les sites Internet des salariés, tel le Web des cheminots : www.cheminots.net

En revanche, la diffusion télévisée de ces pratiques, venue à l'appui de nos révélations, n'a pas fait rire le trésorier national de la CGT, Michel Doneddu, présent en personne sur le plateau de l'émission de France 3. L'homme nous a accusés en direct d'être des menteurs et d'avoir commis une falsification, sans plus d'argument. Nous avons relevé aussitôt le défi et l'avons

83. *L'Argent noir des syndicats, op. cit.*

obligé à démontrer la véracité de cette accusation en l'attaquant en justice. Incapable de contenir notre propre démonstration, il allait perdre en première instance, puis définitivement en appel, en 2010, la cour le condamnant à 2 000 euros d'indemnités pour diffamation. De son côté, la CGT attaquait *Le Parisien*, son journaliste Eric Giacometti, et les affirmations que nous y avions formulées à l'occasion de la sortie de notre livre. Là aussi, le jugement nous a été favorable[84].

Au sein du CCE, la révélation publique du système a fait l'effet d'un séisme. Après cette diffusion, le lundi matin du 26 mai 2008, le directeur financier du CCE, Hervé Papazian, a réuni les employés du service financier du CCE en jurant qu'il trouverait tôt ou tard ceux qui étaient à l'origine de cette « fuite ». Au lieu de s'émouvoir de l'existence de cette pratique et de vérifier de près sa réalité, il préférait leur lancer : « Tout sera mis en œuvre afin de trouver le ou les responsables qui n'ont pas leur place au sein de notre service. » Le ton était donné, la chasse aux sorcières était ouverte. Les jours suivants, il diffusait une note de service « indignée » aux salariés, dans laquelle on pouvait lire, à propos des factures fictives : « Ces documents ont été divulgués par l'un ou l'une d'entre vous, au mépris des règles d'éthique. » L'un des employés nous confie qu'il aurait « préféré que le directeur leur explique ce qu'il pouvait y avoir d'éthique à les conserver dans un placard sans rien faire ».

Hervé Papazian leur a tout de même annoncé un « renforcement du contrôle » pour mettre fin aux fausses facturations. Mais il n'a pas jugé bon de rappeler l'étrange valse des contrôleurs de gestion au CCE depuis des années, licenciés dans des conditions que nous éclaircirons plus tard…

84. Jugement du 10 juin 2010. http://storage.canalblog.com/48/15/271655/56554994.pdf

Du côté de l'ensemble des cheminots de la SNCF, tous sidérés par les révélations du reportage, le directeur du CCE, Alain Barasz, tentait de passer du baume sur la plaie ouverte en diffusant un communiqué plus respectueux : « Ayant acquis la conviction que nous étions victimes de graves malversations, nous avons porté plainte pour abus de confiance et escroquerie. J'ai bien conscience que cet épisode déplorable peut troubler certains d'entre vous. Nous voulons que toute la lumière soit faite. »

Pour parfaire le tout, il déposait une plainte contre X, le 31 mai 2008, pour « abus de confiance, faux et usage de faux et escroquerie au préjudice du CCE de la SNCF ». Dans un même élan, un certain Claude Bernard, délégué syndical CGT du CCE et responsable d'achat de matériel, s'accusait soudainement d'être à l'origine de ces malversations tout en prenant soin d'affirmer qu'il avait agi seul. La fédération CGT des cheminots se fendait alors d'un communiqué, le 9 juin 2008, pour soutenir la direction du CCE. On pouvait y lire que nous étions « des pseudo-syndicalistes-écrivains » et qu'avec les journalistes de France 3 nous nous étions livrés à « une véritable calomnie ». Curieusement, elle n'engageait aucune procédure en diffamation contre notre livre ou contre l'émission. Elle citait Claude Bernard disant qu'il s'était « fait prendre dans les griffes d'un fournisseur voyou[85] ». Elle commentait aussitôt : « Il y a donc bien eu fausses factures et détournement financier au dépens du CCE organisés à leur profit par des commerçants escrocs ».

Nous avons retrouvé la trace de Claude Bernard, discrètement rangé des affaires : il a ouvert une « cave à vin ».

85. Quelques jours plus tard, le 12 juin 2008, lors de sa présentation des comptes annuels d'activité en séance plénière, le CCE allait déclarer que Claude Bernard avait initialement traversé « une passe financière difficile » qui l'avait poussé à s'entendre avec l'un des « fournisseurs ».

Le cabinet des comités d'entreprise

Parallèlement, le CCE faisait savoir que le responsable des achats était licencié et qu'il lançait un audit externe, donc a priori indépendant, sur la comptabilité depuis 2005. Tout cela semblait pouvoir couper court aux curiosités naissantes. Mais Philippe Chabin, un ex-délégué CGT de la SNCF, nous signale une chose étonnante : « C'est l'expert comptable (du cabinet Adexi Étoile) qui avait toujours validé les comptes du CCE, sans rechigner sur les années de détournements, qui a été choisi pour réaliser cet audit[86] ! » C'est précisément ce que remarquaient aussi des délégués du syndicat SUD-Rail regrettant que le cabinet choisi soit celui qui, chaque année, certifiait les comptes en question. Ce qui les avaient incités, en juin 2008, à demander au CCE d'envisager une solution moins discutable : « Pour avancer vers une plus grande transparence, la fédération SUD-Rail propose la mise en place d'une commission ouverte à chaque organisation syndicale ayant au moins un élu CCE, qui serait mandatée pour établir un rapport sur les éventuels dysfonctionnements à l'origine des problèmes rencontrés et faire toutes propositions utiles. Cette commission doit bien sûr avoir toute latitude pour exercer sa mission. Précisons que nous parlons de "commission", mais cela peut s'appeler "groupe de travail" ou être une émanation de la commission des budgets. » Mais, pour des raisons restées mystérieuses, la direction du CCE n'a pas retenu leur proposition et a préféré recourir à son cabinet habituel, Adexi Étoile.

Ce dernier est une filiale du groupe Secafi Alpha, le plus gros cabinet de conseil des comités d'entreprise et des CHSCT en France, avec notamment un portefeuille de 1 800 CE. Son

86. Entretien avec les auteurs, avril 2012.

P-DG, Pierre Ferracci, proche de la direction de la CGT et membre du Parti communiste français, avait par ailleurs d'excellentes relations avec l'Élysée au temps de la présidence de Nicolas Sarkozy. Professionnel du grand écart et du compromis, Pierre Ferracci a été membre de la commission Attali, mise en place en 2007 pour réaliser un rapport sur la « libération de la croissance française ». Nicolas Sarkozy l'a chargé également de présider le groupe de travail multipartite sur la formation professionnelle en vue d'une réforme. Chantier hautement sensible car la gestion des ressources de la formation professionnelle est l'une des sources de financement occulte des syndicats, comme nous avons pu le vérifier directement dès notre première enquête[87]. Il fallait donc un homme capable de parler à l'oreille des chefs d'écuries pour poser les bases d'un accord entre le patronat, les régions, l'État et les principales organisations syndicales. Si le président de la République n'avait pas eu le patron d'Alfa pour les amadouer, il aurait dû l'inventer. Son rôle n'était pas facile, mais il était financièrement motivant et personne n'était mieux aguerri. Au passage, Pierre Ferracci a récupéré 100 millions d'euros pour sa filiale Sodie Emploi, soit un tiers de l'enveloppe globale consacrée au traitement du problème. Sa société, qui travaillait déjà pour l'Unédic depuis 2006, a pris une part importante du marché du reclassement des salariés victimes des restructurations, en récupérant la sous-traitance de 22 % des 320 000 demandeurs d'emploi qui étaient gérés par Pôle emploi[88]...

De fait, la réforme n'allait pas faire que des malheureux. Elle a été rondement menée et les syndicats ne sont pas descendus dans la rue. Le rapport fut rendu le 7 janvier 2009 et la loi fixant

87. *L'Argent noir des syndicats, op. cit.*, pages 153-158.

88. Les cabinets touchaient alors 3 500 euros en moyenne par personne reclassée.

les nouvelles règles allait être promulguée le 24 novembre 2009. On ne connaîtra sans doute jamais la recette concoctée par le P-DG pour obtenir l'adhésion des organisations ouvrières alors que l'opération était censée, entre autres choses, mettre fin aux possibilités de détournement syndical des fonds.

Pierre Ferracci, devenu l'un des dirigeants d'entreprise en faveur, s'est fait élire en février 2009 président délégué du Paris football club, et il organisait, le mois de mars suivant, un colloque sur le thème de la formation professionnelle dans le cadre de la « gestion réduite des entreprises ». La manifestation réunissait autour de lui Frédéric Saint-Geours, le président de l'IUMM depuis la démission forcée de Denis Gauthier-Sauvagnac, Laurent Wauquiez, alors secrétaire d'État à l'Emploi, les représentants des autres centrales syndicales et Daniel Soury-Lavergne, directeur général d'ArcelorMittal France. Ce dernier annonçait à l'auditoire la mise à l'étude par l'UIMM d'un « licenciement temporaire avec garantie de retour dès que les circonstances économiques le permettent, au niveau de la qualification quittée[89] ». La manifestation fut suivie par l'annonce d'un autre colloque, quelques jours plus tard, sur « l'évolution du modèle social à la lumière de la crise », réunissant les mêmes protagonistes[90]. Les interventions des uns et des autres se réclamaient toutes du « dialogue social ». Toutes ces huiles ne sont pas précisément celles que les syndicalistes ont l'habitude d'encenser, mais les centrales ne se sont guère émues de ce raout idéologique, dans lequel on reconnaissait il est vrai François Chérèque, le secrétaire national de la CFDT.

Ironie du sort, Pierre Ferracci affrontait la même année au sein de son groupe Alpha des militants CGT (soutenus par des militants de la CFDT) qui revendiquaient une prime

89. *Le Quotidien de la formation*, n° 1056, 13 mars 2009.
90. *Le Figaro*, 13 mars 2009.

de 1 500 euros par employé, avec un argument de poids : la croissance du chiffre d'affaires et des bénéfices. Ils ont obtenu gain de cause après une lutte acharnée, mais la direction a mal digéré la chose. Un ancien délégué syndical CFDT qui s'était montré favorable au mouvement a été rétrogradé peu après, avec en prime une diminution de salaire. Le secrétaire CGT du CE, quant à lui, a reçu un avertissement. Motif invoqué : il avait « décalé ses vacances sans autorisation ». Celui-ci affirme pourtant avoir obtenu l'autorisation orale de son supérieur hiérarchique, mais il a bien compris qu'on lui envoyait cette semonce pour lui signifier de se calmer. Enfin, deux militants CGT ont été licenciés pour avoir osé critiquer les orientations un peu trop conciliantes de leur syndicat avec la direction d'Alpha… Nous sommes allés interroger ces deux syndicalistes peu décidés à rejoindre aussi facilement la queue des chômeurs pointant à Pôle emploi ou… à Sodie Emploi !

Une question prend forme désormais dans l'esprit des cégétistes combatifs : Pierre Ferracci, P-DG et actionnaire du groupe Alpha, initié aux secrets de la gestion d'innombrables comités d'entreprise, partie prenante de leur contrôle en tant que commissaire aux comptes certifiant leur comptabilité (!), intéressé aux réformes du gouvernement, assurant le conseil de légions de dirigeants d'entreprise qui veulent dégraisser dans une ambiance de « paix sociale », et, enfin, figurant parmi ceux qui s'enrichissent dorénavant en traitant les dossiers des licenciés et en les replaçant dans le circuit de la recherche d'emploi, ne serait-il pas en situation de conflit d'intérêts ? Devant toutes ces casquettes sur la tête d'un seul homme, la question semble assez légitime. D'autant que plus de deux cents plans sociaux ont lieu tous les mois en France et que le groupe Secafi, autre filiale d'Alpha, couvre plus de la moitié des dossiers. Comble d'ironie, alors que le chiffre d'affaires de Sodie Emploi venait de progresser de 40 % au cours du premier trimestre 2009, la

CGT, au lendemain de la réforme du service public de l'emploi, en juillet 2009, tentait d'alerter l'opinion par un communiqué de presse intitulé « La crise fait des heureux ! » : « La CGT réitère avec insistance son exigence que des règles strictes encadrent le fonctionnement et l'évaluation des cabinets privés. Les contrôles et sanctions de la puissance publique doivent écarter les marchands de soupe qui grenouillent en masse dans ce secteur. » Elle aurait pu ajouter aux « marchands de soupe », les marchands du reclassement des... syndicalistes gênants.

La CFDT ne s'est pas franchement émue de cette évolution. Ces pratiques ne lui sont d'ailleurs pas complètement étrangères. Son cabinet préféré a pour nom Syndex...

Une maison payée en espèces

Au début de l'année 2011, Philippe Chabin attire aussi notre attention sur le fait suivant : « La qualification de la faute et le motif du licenciement de Claude Bernard, qui s'est accusé d'être seul à l'origine des détournements, n'ont jamais été communiqués et ont même été dissimulés par la direction du CCE. Nous avons simplement découvert récemment qu'il avait ouvert une “cave à vin” dans sa commune[91]. » Il nous rappelle, par ailleurs, qu'un incendie a détruit la majeure partie des archives comptables du CCE antérieures à 2005, lesquelles ne pourront donc plus jamais être expertisées, sauf si des doubles venaient à surgir un jour[92].

D'une confiance toute relative envers le CCE et leur syndicat, des salariés et des cheminots ont eux-mêmes déposé

91. La note nous a été fournie au début du mois de janvier 2011.
92. Destruction opportunément signalée par le CCE dans sa plainte contre X de mai 2008.

une plainte après nos révélations et celles de France 3. Mais faute de constitution de partie civile, par manque de moyens financiers, ils n'ont pas accès au dossier et s'interrogent sur les pièces fournies par les différents protagonistes. Ils notent dans leur plainte que, contrairement à ce qu'affirment le CCE et la fédération CGT des cheminots, il est possible de démontrer que la direction du CCE avait connaissance d'une partie des fausses factures avant que leur existence soit révélée au public[93]...

De son côté, la CFTC cheminots a la possibilité de se constituer partie civile, en tant qu'elle est chargée de défendre les intérêts des cheminots et du fait que le préjudice subi par le CCE concerne également tous les cheminots, dont une partie de la dotation sociale s'est évaporée.

L'après-midi du 15 juin 2010, Sylvia Caillard, la juge d'instruction chargée du dossier au tribunal de grande instance de Paris[94], auditionnait l'un des drôles de gérants poursuivis pour « escroquerie en bande organisée, faux et non justification de ressources », Théodore Cristo. La magistrate lui annonçait qu'elle comptait le mettre en examen et qu'elle le soupçonnait d'avoir édicté ses fameuses factures de matériel depuis 2002. Il lui avouait qu'il intervenait régulièrement pour le CCE de la SNCF depuis plus de vingt ans.

Une heure plus tard, la juge interrogeait Claude Demeter, fils de Théodore Cristo, censé gérer lui aussi des sociétés travaillant avec le CCE. « J'ignore quel était l'intérêt de Claude Bernard, en tout cas, nous on n'a jamais fait de menace », lui déclarait-il, niant fermement avoir exercé la moindre pression ou chantage sur le délégué du CCE.

---

93. Courrier au procureur du parquet de Paris, du 28 octobre 2008, en complément de la plainte P 08 176 93C39.
94. Depuis avril 2010.

Quelques mois plus tard, les 26 et 27 octobre 2010 se tenait au TGI de Paris un procès instructif qui a permis de confirmer diverses pratiques au sein du CCE. Ce procès opposait la fédération CGT des cheminots au mensuel *Capital*, attaqué en diffamation par le syndicat pour avoir osé faire écho à quelques-unes de nos révélations concernant les dérives financières du CCE, l'entente illicite sur le « partage » de la dotation sociale au CE de Lyon, la dotation sociale versée par la SNCF aux CE de manière incomplète, les curieuses « techniques de management » du syndicat sur ses salariés réfractaires[95]. Des pratiques qui, bien que la cour ait débouté le syndicat sur la plupart des points, n'existent toujours pas officiellement pour la direction de la CGT...

Des cadres très « instables »

Face à nos questions et à tous les procès perdus, le patron du CCE, Alain Barasz, se défile. Sur les procès, notamment, il refuse de répondre, s'abritant derrière l'argument que « des affaires sont encore en cours devant la justice ». Cet homme, qui a autrefois milité à la Ligue des droits de l'homme, n'est-il pas gêné par les jugements prud'homaux qui s'accumulent contre sa direction ? Alain Barasz préfère y voir une « volonté de nuire à la CGT ». Nous lui avons rappelé la succession impressionnante de cadres écartés du CCE dans des conditions curieuses : au-delà même du cas d'Antoine Rousseau, Denis Deswartes, directeur des ressources humaines, Bruno Friedmann, directeur financier, Catherine Montheiro, chef comptable, Bernard Bourson, responsable du service

95. Article de janvier 2010.

vacances familiales, Brigitte Voulu, directrice adjointe des ressources humaines… Il ne s'agit là que d'une partie d'entre eux, sans compter les cadres gestionnaires que la direction a fait travailler en « période d'essai » pendant des années, ni même les agents de maîtrise et les employés subalternes des services comptables. Après avoir déploré dans un premier temps l'« instabilité des cadres », Alain Barasz n'ose plus y revenir quand nous lui faisons remarquer que les personnes citées ont toutes été licenciées pour « faute » et que, pour l'ensemble des employés écartés, la plupart gagnent devant les prud'hommes.

Les pratiques du CE de Lyon

De son côté, la brigade financière s'est concentrée sur le dossier du CE de la SNCF à Lyon. Elle multiplie les auditions des responsables sur des versements opérés par le CE au titre de la formation syndicale des délégués qui, en réalité, ont servi à d'autres fins, comme l'ont reconnu des syndicalistes de la structure. Pour l'heure, les confessions devant les limiers de la brigade mettent en cause les instances syndicales supérieures.

Lyon, justement, où Willy Pasche a été le premier à refuser ces pratiques et à les porter à notre connaissance. Cet ancien responsable des activités sociales du comité d'entreprise régional (CER) de Lyon, à qui la direction cégétiste a retiré toutes ses activités professionnelles et dont le bureau a été transféré loin du siège en représailles à son activisme syndical proche de SUD-Rail (il a fait progresser la section SUD à Lyon), a réussi à traîner les syndicats devant la justice.

Mais revenons auparavant sur quelques faits qui permettent d'approfondir le contexte particulièrement édifiant des CE de la SNCF. D'anciens responsables du CCE de la SNCF pensent que Bernard Thibault, le secrétaire général de la CGT, connaît l'existence de ces pratiques, en tant qu'ancien cheminot lui-même ayant eu des responsabilités syndicales et comme époux de Muriel Thibault. Certains parleront aussi de népotisme en apprenant, en 2011, que le fils du patron de la CGT s'est fait embaucher au CCE. Et l'on n'hésite plus, parmi les salariés du CCE en butte aux représailles, à rappeler que Bernard Thibault était nécessairement informé de la situation, puisqu'ils lui avaient eux-mêmes transmis les détails de ces affaires, sans qu'il ait jamais daigné répondre à ces personnes qui fondaient encore en lui des espoirs.

Willy Pasche a exercé des responsabilités dans le comité d'établissement de la SNCF de Lyon. Il est entré dans la compagnie ferroviaire en 1979, en tant que cadre permanent des services sociaux. Il s'occupait des colonies de vacances des enfants, des centres de loisirs du mercredi et des maisons familiales. En 1986, au moment de la création des comités d'entreprise (CE), on lui a proposé d'être détaché, il a accepté.

Tout a été pour le mieux durant quatorze ans. Il a été promu agent de maîtrise, puis cadre. En plus de ces activités d'organisateur des colonies de vacances, il fut aussi chargé de la gestion des bibliothèques, des activités culturelles, des centres sportifs et de loisirs.

En 2000, tout allait basculer avec l'arrivée d'un nouveau secrétaire du syndicat CGT. Willy Pasche se souvient du premier motif de conflit : « Le secrétaire m'a dit que sa fille n'avait pas droit aux indemnités de frais d'études, mais que je lui rendrais un gros service si j'acceptais de déclarer qu'elle habitait loin et de lui accorder des frais de déplacement... J'ai refusé[96]. »

96. Entretien avec les auteurs, octobre 2011 et juin 2013.

La situation a empiré quand on lui a demandé d'informatiser le CE en installant des ordinateurs livrés en fraude qui provenaient de la CGT et qui étaient d'anciens modèles, qui plus est usés et fonctionnant avec des systèmes d'exploitation inadaptables aux systèmes plus récents. « J'ai répondu tout simplement que je ne pouvais pas faire cela, explique Willy Pasche, ne serait-ce que parce que plein de problèmes risquaient d'en découler... »

Plus grave, il s'est aperçu que certains emplois étaient fictifs : « Par exemple, une bibliothécaire que je devais contrôler ne venait jamais au travail. Mais elle appartenait à la CGT et on m'a fait comprendre qu'elle était intouchable... » On lui a imposé de recruter des personnes qui n'avaient pas du tout le profil de l'emploi, par exemple, pour accompagner les colonies de vacances, des personnes manifestement alcooliques ou auxquelles il ne fallait pas demander d'extrait de casier judiciaire.

Le personnel de Willy Pasche fut par ailleurs soumis à des tâches qui n'entraient pas dans ses charges. « Alors que le syndicat disposait de tout le matériel pour réaliser ses tracts, on demandait à mon personnel de le faire... » Ce qui, traduit en termes juridiques, ressemble furieusement à un abus de bien social.

La marge de manœuvre de Willy Pasche était délicate. Sa femme était employée du CE et il craignait que les responsables cégétistes usent de représailles. Malgré cela, il a tenté de résister à ces dérives. Ce n'est pas sa femme mais directement lui qui en a fait les frais : « On m'a purement et simplement remplacé. » C'était en septembre 2002.

Pendant deux ans, il a fait l'expérience du « placard » : on ne lui confiait plus aucune activité, hormis d'aider un collègue s'occupant de la salle de musculation et de gymnastique. D'ailleurs, l'expression « placard » était à prendre au sens propre, comme le constaterait plus tard la police judicaire. « Les ordinateurs hors d'état y étaient entreposés. Je ne pouvais même pas étendre mes jambes, de plus je suis plutôt claustrophobe. » Aurait-on voulu le pousser à la démission qu'on ne s'y serait pas pris autrement...

En 2004, les choses allaient prendre une tournure encore plus délétère. Des comptes rendus de réunions et une cassette audio lui étaient donnés anonymement par des employés qui l'appréciaient mais qui craignaient les mesures de rétorsion : il y apprenait que le budget présentait un trou de 2 millions d'euros et qu'un plan social se préparait, qui prévoyait notamment la suppression de ses dernières activités. « J'ai rapidement compris ce que cela signifiait : ayant rendu le chéquier du CE depuis deux ans, j'ai eu la surprise, grâce à la responsable des colonies de vacances qui me les a montrés, de découvrir des chèques sur lesquels ma signature était imitée ! » Le cauchemar commençait. De surcroît : « Comme je travaillais avec des enfants, on a fait courir une rumeur disant que j'avais peut-être eu avec eux un comportement... »

Beaucoup auraient craqué. Willy Pasche reconnaît d'ailleurs qu'il avait peur. Quelques rencontres allaient pourtant lui redonner un peu le moral et lui maintenir la tête hors de l'eau. Celle de Serge Vallot fut de celles-là. Cet ancien membre du bureau fédéral CGT cheminots de Lyon a exercé des fonctions syndicales qui inspirent le respect. Délégué CGT du personnel, il a été élu conseiller prud'homal, membre de la commission de discipline SNCF, secrétaire du CHSCT, membre du bureau du secteur fédéral des cheminots et formateur syndical. Lui aussi s'opposait aux pratiques effarantes dont il était le témoin[97]. Sa réputation, son poids syndical et sa droiture seront l'un des appuis de Willy Pasche.

97. Sur le combat de Serge Vallot, voir *L'Argent noir des syndicats*, op. cit., pages 70 à 75.

Le secrétaire mis au placard allait courageusement déposer plainte avec une collègue, en 2004, pour recel d'abus de confiance, faux et usage de faux. Dans un premier temps, les autres salariés qui travaillaient avec eux n'ont pas voulu les suivre : « Une telle procédure nécessitait des moyens qu'ils ne possédaient pas, mais ils me transmettaient des informations précieuses », souligne-t-il. « Des factures montrant par exemple que tel secrétaire se faisait payer trois repas par jour au restaurant, même le 1er janvier. » Et ce n'était encore qu'un détail. Au-delà des petites combines personnelles, il apparaissait qu'une grande partie du budget de fonctionnement partait dans des activités syndicales, alors qu'il doit être uniquement dépensé pour les œuvres destinées aux salariés. Dans les faits, des représentants de tous les syndicats se sont retrouvés dans la ligne de mire de la justice, accusés d'avoir utilisé l'argent du CER de Lyon à des fins non conformes à sa finalité : la CFDT, FO, la CGT, l'UNSA, la CFTC, SUD-Rail[98]...

Bientôt, d'autres salariés du CE faisaient à leur tour les frais de l'assiette au beurre. La trésorière du CE était licenciée, ainsi que la comptable et le directeur technique. Et de nouvelles victimes les rejoindront. Toutes avaient un point commun : leur difficulté à fermer les yeux sur les factures qui leur passaient sous le nez.

Willy Pasche avait le souci non seulement de se défendre des représailles, mais aussi de protéger le personnel. En 2005, il s'est syndiqué à SUD-Rail et il a été désigné comme délégué. Il sera à nouveau élu en 2007. Il allait pouvoir disposer de

98. Chacun des syndicats recevait un montant proportionnel à son nombre d'élus au CER. En 2004, ils se sont partagés 339 500 euros sur les 504 742 euros du budget de fonctionnement : 140 349 pour la CGT, 51 427 pour l'UNSA, 46 323 pour SUD-Rail, 42 465 pour la CFTC, 30 078 pour la CFDT, 24 909 pour FO, et le reste pour la FGAAC (Fédération générale autonome des agents de conduite) et la CFE/CGC.

meilleures armes pour lutter contre la volonté de la direction d'évincer d'autres salariés pour « licenciement économique ».

Au fil des mois, il a découvert que d'autres responsables de comités d'entreprise étaient dans son cas, ainsi que de nombreux employés, à Nancy, Dijon... Philippe Chabin, ancien secrétaire CGT d'un CE de la SNCF, écarté de ses fonctions pour avoir posé des questions dérangeantes à sa fédération et refusé certaines pratiques, était particulièrement remonté et, au travers du site « Milleuros[99] », tentait de fédérer des salariés mis sur la touche et victimes de pratiques déviantes par des patrons de la CGT. Ce qui n'était pas rien : depuis 2001, le CE de Lyon fondait littéralement. En 2010, il avait perdu presque la moitié de son effectif, qui était passé de 160 à 90 salariés. Chacun d'eux pu alors prendre conscience que la direction du syndicat CGT de la SNCF se comportait comme le pire des patrons. Autre aspect sidérant, elle n'hésitait pas à licencier même des délégués du personnel, lesquels bénéficient juridiquement du statut de « salarié protégé », qui leur garantit en théorie une protection renforcée contre le licenciement qui viserait à neutraliser leur mission syndicale !

Willy Pasche a dû affronter des menaces. Pneus crevés au couteau, intimidations physiques, injures... « J'ai déposé plainte, mais leurs sbires prennent soin de ne jamais vous menacer devant des témoins, ce qui rend quasi impossible les accusations, et les plaintes ne peuvent aller très loin. » D'autant que les plaintes coûtent cher. Willy Pasche précise qu'il en est personnellement à environ 10 000 euros de frais de justice. Il a cependant réussi à identifier certains agresseurs. « Depuis qu'ils ont dû se rendre devant la police, les agressions ont cessé. »

99. http://milleuros.canalblog.com

Par contre, les tentatives pour pousser Willy Pasche à partir continuent sous diverses formes. Bien qu'il soit délégué du personnel, on a déplacé son bureau dans un local à six kilomètres du lieu où travaillent les employés qu'il défend et on ne lui donne pas les clés pour y entrer ! « Je suis toujours dans les cadres du CE de la SNCF mais on fait tout pour que je parte. Voyant que les pressions ne marchent pas, certains ont cherché à me prendre par les sentiments et à me culpabiliser en me suggérant que, à 55 ans, je devrais prendre ma retraite, ce qui libérerait un poste… »

Malgré un non-lieu partiel dans le traitement de sa plainte, il ne reste pas les bras ballants et espère toujours dans la justice : « J'ai lancé une procédure contre la SNCF pour harcèlement. Je n'ai reçu aucune proposition ni la moindre réponse de mon employeur après dix lettres recommandées que je lui ai envoyées. » Par ailleurs, alors que le CE lui avait coupé la moitié de son salaire, il a gagné devant les prud'hommes en référé, en 2011. « Mais on recommence à amputer mon salaire, ils en ont retenu les deux tiers pendant trois mois, et la moitié au mois de mai 2013. J'ai donc dû saisir les prud'hommes à nouveau. Le CE essaie de m'avoir à l'usure et cela me coûte cher. Mais à présent je demanderai qu'on condamne la partie adverse aux dépens, comme m'y donne droit l'article 700 du Code de procédure civile. » Il a par ailleurs prévenu la direction de la SNCF des malversations du CE et demandé qu'elle se penche sur les comptes.

Le pire est que les autorités ne l'encouragent pas à se montrer opiniâtre. « Le procureur m'a déjà dit qu'on ne pouvait pas vraiment me protéger… Il faudrait créer un service qui s'occupe des personnes dans ma situation, mais pour le moment, on est condamnés à dépenser beaucoup d'énergie et d'argent, et à crier dans le désert. Et j'ai l'impression que les autorités politiques n'ont pas l'intention de changer une situation dont elles tirent des avantages. »

Quant à sa femme, elle a dû en passer d'abord par toutes sortes de critiques et de malveillances. Les choses se sont ensuite calmées, mais les braises couvent sous la cendre. Une nouvelle chef est arrivée récemment, qui lui a dit avoir « reçu une liste de noms de salariés dont elle devait se méfier et que le sien y figurait », soupire Willy Pasche. Ajoutant : « Des banques se sont fait taper sur les doigts parce qu'elles constituaient de telles listes, il serait bon qu'on rappelle aussi à l'ordre un syndicat quand il dresse des listes du même genre. »

Sa détermination à se battre, en particulier devant les tribunaux, reste entière. Mais il ne cache pas ses craintes, conscient des risques de dérapages. Ainsi, le 19 juin 2013, quelques jours avant l'ouverture du procès au pénal contre les syndicats pour recel d'abus de confiance, faux et usage de faux, il écrivait à son avocate pour le sensibiliser au problème : « J'ai appris de source sûre qu'à l'appel de tous les syndicats ils ont prévu un rassemblement devant le tribunal le 26 juin au matin, le jour du début du procès. J'ai très peur car ils veulent faire pression pour que des gens n'osent pas venir à l'audience. Que pouvez-vous faire, je suis très angoissé. J'ai peur. » Une centaine de syndicalistes ont en effet saturé la salle d'audience du tribunal correctionnel de Lyon, bien décidés à faire sentir leur poids. Des policiers ont dû proposer à Willy Pasche de le protéger. Devant cette horde ironisant dans son dos, et en l'absence de sa collègue qui n'a pu venir jusqu'au tribunal, il s'est retrouvé bien seul avec son avocate face aux huit ténors du barreau venus défendre les syndicats.

Le président du tribunal, Jean-Louis Cor, s'est appuyé sur les procès-verbaux des magistrats instructeurs qui ont obtenu des aveux sur l'existence de nombreuses pratiques de facturation peu recommandables, des élus ayant aussi reconnu devant eux que le CER servait à financer les syndicats. Par exemple, Alain Laporte, élu CGT, avait admis que le remboursement des frais de formation permettait « d'alimenter le fonctionnement de la délégation syndicale ». De même, Philippe Colin, élu CFDT, avait reconnu de nombreuses dérives et s'était même étonné de voir son nom apparaître sur des listes de personnes ayant participé à certains « stages de formation ». Il avait confessé qu'une partie importante du budget de fonctionnement du CER profitait aux syndicats, tout en déclarant que c'était à l'instigation de la CGT. « Êtes-vous d'accord avec cette affirmation selon laquelle une partie du budget du CER aide directement ou indirectement au fonctionnement des organisations syndicales ? » lui a demandé le juge. « Est-ce que vous admettez la réalité de ces faits aujourd'hui ? » « Oui », a répondu Philippe Colin.

À la barre, les élus ont dû reconnaître que l'argent du CER servait aussi à payer des repas ou des nuits d'hôtel à Paris lors de manifestations ou de congrès, l'impression de tracts, de publications et de banderoles. Quand on les interroge aujourd'hui, ils se replient derrière la même rhétorique que celle qu'ils ont déployée devant le tribunal : selon eux, les activités d'élu de CE sont difficiles à distinguer de celles de syndicaliste. Manifestement, les formations syndicales ont oublié de leur apprendre la différence.

Le procureur a requis 80 000 euros d'amende contre la CGT, qu'il estime être à l'origine du système, 30 000 euros contre l'UNSA, la même somme contre la CFTC, de même que contre SUD-Rail, et 15 000 euros contre la CFDT et FO[100]. Ces demandes de sanction, si elles sont suivies, ne pèseront pas bien lourd dans le budget des organisations. Il n'est même pas sûr qu'elles aient une vertu dissuasive pour toutes les structures qui s'adonnent à ce sport national.

100. Audiences du 26 et 27 juin 2013.

Tous les observateurs qui ont suivi le procès s'étonnent que la direction de la SNCF n'ait pas été convoquée au procès, alors que son directeur régional de Lyon préside le CER, et que l'on aimerait comprendre pourquoi il n'a pas réagi et pourquoi la SNCF ne s'est pas constituée partie civile.

De leur côté, les deux courageux plaignants ont demandé des dommages et intérêts. Willy Pasche réclame 50 000 euros et sa collègue 30 000 euros. « J'en ai eu déjà pour 15 000 euros d'avocat », précise-t-il. Le chemin de croix du lanceur d'alerte n'est d'ailleurs pas achevé : « Ils retiennent toujours la majeure partie de mon salaire, il ne me reste que 1 000 euros par mois. À la SNCF, personne ne me répond plus à ce sujet, même avec lettre recommandée... Quand j y vais, personne ne s'occupe de moi, je reste à l'accueil où l'on me fait attendre interminablement, j'ai juste droit à des gars du syndicat qui passent devant moi avec des moqueries... On m'oblige à revenir. » L'autre jour, après une heure et demie d'attente, il a fini par s'évanouir sur place et il a fallu l'hospitaliser. Son combat auprès des prud'hommes est également épuisant : « Je suis obligé d'aller en référé, le jugement est régulièrement repoussé... » Mais il est devenu patient et opiniâtre. Il a attendu dix ans pour que sa plainte au pénal débouche sur un procès, il attendra encore pour les prud'hommes, comme sa collègue, qui a fait une dépression et a préféré s'installer loin de la métropole.

Peu après notre entretien avec lui, au début du mois d'août 2013, le syndicaliste a reçu un courrier de la direction de la SNCF lui signifiant que désormais il ne recevrait plus du tout de rémunération. Mais quelques jours plus tard, le 7 août 2013, une bonne nouvelle tombait enfin : les Prud'hommes lui donnaient raison et condamnaient la SNCF à lui verser la moitié de la somme qu'il demandait. Pour le reste, il allait engager de nouvelles procédures sur le fond.

Les révélation de l'ex-secrétaire CGT du CE Clientèles

Philippe Chabin est l'ancien secrétaire du CE Clientèles de la SNCF. Entré à la SNCF en 1979, il a rejoint la CGT en 1985 et a été secrétaire du CE de 2000 à 2006, cette structure ne comptant pas moins de 5 000 cheminots. « Au début, on m'a laissé gérer ce CE sans me mettre de bâtons dans les roues et sans que la fédération intervienne… », se souvient-il.

« J'ai identifié rapidement des dérives auxquelles j'ai mis fin… Certaines activités étaient financées sur la dotation alors qu'elles étaient réservées à quelques élus. » Autre exemple, un dirigeant de la SNCF avait été sollicité en 1998 : « Au titre des bonnes relations avec les syndicats, il a offert une belle somme d'argent prise sur le budget de formation de la SNCF pour organiser un marathon à l'intention de coureurs à pied syndicalistes. » Philippe Chabin y a mis un terme, mais, confie-t-il : « Tout en mettant fin au système, je me suis gardé de dénoncer ouvertement la pratique, en bon petit soldat. Quant au dirigeant qui avait transféré cette somme au syndicat, il a poursuivi sa carrière sans être inquiété et il occupe maintenant de très hautes fonctions à la SNCF… »

En 2001, une grave anomalie allait le troubler : « Une partie de la dotation sociale ne revenait pas dans le budget de mon CE alors qu'elle le devait. J'ai interrogé la direction de la SNCF qui m'a renvoyé vers la fédération syndicale, laquelle s'est contentée de me répondre "certains enjeux vous dépassent, camarade", et le fameux "ce-n'est-pas-le-moment-opportun-pour-parler-de-ça". »

Il s'est quand même entêté et, à la fin de l'année 2005, il fit distribuer un document à tous les cheminots où il les informait qu'il fallait récupérer cet argent, soit 200 000 euros par an depuis la création du CE en 1999. « Là, on m'a mis à l'écart en prétextant que deux mandats c'était assez, alors que des dirigeants de la CGT en font bien plus. J'ai alors rejoint mon ancien poste à la SNCF. » Aussitôt après son départ, le délégué CGT du personnel et la représentante de la section syndicale CGT des salariés du CE Clientèles ont subi un intense harcèlement. « En se retournant vers leur syndicat — la CGT — pour qu'il les défende, ils demandèrent en fait à leur employeur de les défendre, ce qui était vain. Comme on pouvait s'y attendre, il n'a jamais dénoncé les décisions que le secrétaire du CE prenait puisque le même était aussi le premier secrétaire adjoint du syndicat. »

En refusant de se soumettre, Philippe Chabin n'a pas choisi la voie la plus simple mais la plus morale. Pour lui, mieux vaut se révolter que d'éprouver du remords. « Beaucoup d'autres ont mis leur orgueil dans leur poche en tentant de mettre un mouchoir dessus, mais pour moi c'était un devoir d'aider les salariés à faire face à des pratiques de harcèlement violentes de la part d'employeurs syndicalistes. » Et il évoque un autre secrétaire du CE qui, après avoir beaucoup souffert et failli se jeter sous un train, a préféré tenter d'oublier en n'abordant plus ces questions.

Le plus souvent, les salariés des CE de la SNCF appartiennent à la même cellule syndicale que leur employeur, ce qui n'est pas sain : « Il en ressort que le rapport de forces entre le salarié et l'employeur est terriblement favorable à ce dernier. » Les cas d'abus et de harcèlement moral qui se multiplient dans les CE de la SNCF et au comité central d'entreprise en sont, selon lui, l'expression.

Reste que, malgré ce rapport de forces, plusieurs condamnations de l'employeur pour harcèlement montrent que les salariés ont la possibilité d'agir en justice et de gagner très souvent, même s'ils en ont payé le prix dans leur vie personnelle, parfois en y laissant leur santé. Récemment, les salariés du CE Clientèles qui ont saisi la justice ont obtenu en première instance deux condamnations pour harcèlement moral. Le jugement est à présent en appel, et une autre procédure, pénale, est toujours en cours depuis 2008. Désormais, la CGT, qui cogère avec l'UNSA le CE Clientèles depuis les dernières élections du CE, fait front commun avec ce syndicat et les autres contre les procédures, tout en continuant ses attaques contre ces salariés. Notons que cette « solidarité » intersyndicale n'est pas partagée par SUD-Solidaires, qui ne compte pas d'élu au CE.

Philippe Chabin a le courage de nous exposer les procédés qu'utilise la fédération CGT pour ponctionner la dotation sociale des CE. « Le grand argentier de la fédération CGT des cheminots, qui n'est pas membre du bureau fédéral et ne rend pas directement de comptes dans les assemblées officielles, supervise à la fois les relations des CE gérés par la CGT avec les prestataires et le collectif national des personnels CGT des CE et du CCE, qu'il contrôle. C'est lui qui intervient si un problème se présente. » Il rappelle qu'un des canaux des financements opaques du syndicat passe par les « prestataires amis », comme, par exemple, le cirque Pinder pour les spectacles de fin d'année, et les « prestataires frères », comme le groupe d'expertise comptable Secafi Touristra, prestataire de tourisme social. Cela passe notamment par les publicités diffusées dans *La Tribune des cheminots*, la revue envoyée aux syndiqués.

Créé par la CGT et le PCF, le groupe Secafi et ses filiales semblent avoir de fait un quasi-monopole des expertises demandées par les CE de la SNCF gérés par la CGT. Les dirigeants de Secafi assistent même aux réunions des secrétaires de CE à Montreuil. Un jour, quand Philippe Chabin a jugé nécessaire de se séparer d'un expert-comptable incompétent qui appartenait à Adexi Étoile, l'une des filiales de Secafi, un responsable du secteur CE et CCE lui a remonté les bretelles. « Il s'est étonné et m'a dit qu'en cas de problème avec cette entreprise je devrai dorénavant lui en référer et qu'il aviserait. Secafi certifie jusqu'aux comptes de la SNCF elle-même », précise l'ex-secrétaire cégétiste. Et de rappeler que c'est encore Secafi qui est « souvent sollicité pour les expertises demandées par le comité d'hygiène, de sécurité et des conditions de travail ». Des expertises qui « permettent de fluidifier les relations sociales puisque chacune est facturée entre 45 000 et 50 000 euros ». Secafi est même consulté pour des choix matériels. « On a confié à Secafi l'expertise du logiciel d'assistance à la conduite des trains Sirius utilisé par les conducteurs. Secafi a reçu au moins 150 000 euros pour cette opération. »

Philippe Chabin souligne que « l'expertise ne permet quasiment jamais de remettre en question les conclusions des dossiers de réorganisation ». Quant à la direction de la SNCF, qui pourrait mettre les pieds dans le plat en contestant devant la justice des décisions d'expertise abusives, elle préfère la discrétion. In fine, malgré quelques gesticulations syndicales, les réorganisations deviennent ensuite effectives, et Secafi et la CGT y trouvent leur compte… « Toutes ces attitudes, légales ou non, ne sont pas très morales », commente-t-il.

Le cirque Pinder couvre régulièrement l'arbre de Noël de huit CE de la région parisienne en apportant plusieurs dizaines de milliers de places de spectacle. Les négociations avec ce prestataire sont directement confiées au responsable du secteur CE de la fédération CGT, en lieu et place des CE eux-mêmes. Pinder fait évidemment partie des annonceurs généreux. Touristra, le prestataire de référence du tourisme social, entretient aussi des relations « fraternelles » avec le syndicat.

Philippe Chabin se souvient de l'entreprise Gueydon, distributeur de King Jouet, dont l'un des ex-commerciaux avait tenté de s'introduire dans le circuit : « Il m'a contacté en me disant qu'il voulait se positionner comme prestataire puisque son entreprise consentait à rétrocéder sous forme de publicité dans la presse de la fédération CGT des cheminots de 5 à 10 % du chiffre d'affaires réalisé avec les vingt-six CE de la SNCF. »

Il pointe aussi des aberrations, comme lorsque, après son éviction, le CE Clientèles a lancé un appel d'offres pour la gestion des restaurants assurant mille couverts par jour, puis retenu la société MRS : « Cet appel d'offres a été préparé par un cabinet proche de la CGT et attribué à MRS sur l'intervention de la secrétaire CGT du CE et de la directrice du syndicat CGT local, alors qu'il était classé dernier parmi les quatre prestataires retenus et qu'il était en outre le plus mauvais. » L'affaire a failli tourner au vinaigre quand d'autres organisations syndicales ont menacé de porter plainte, jugeant que ce choix ne se justifiait pas. Mais, comme le fait remarquer Philippe Chabin : « Une entente intersyndicale a calmé tout le monde. Et, depuis, le déficit du poste restauration a été multiplié par cinq. »

Concernant les déficits, il convient de signaler que, selon nos observateurs, ils sont systématiquement payés sur la dotation sociale, c'est-à-dire sur un système hors gestion qui permet de maintenir la paix sociale. Philippe Chabin évoque ainsi une discussion avec le responsable de la fédération CGT lui disant : « Pourquoi tu t'emmerdes à gérer les cantines ? Si le déficit baisse, on ne pourra plus réclamer une augmentation de la dotation spécifique à la SNCF… » Une paix sociale qui est d'autant mieux assurée que ceux qui pourraient dénoncer la situation ont intérêt à se taire et à garantir sa pérennité.

Le système permet à chacun des syndicats qui partagent des CE d'en tirer profit pendant que la direction de l'entreprise les tient « par la barbichette ». Un éclairage auquel souscrit Philippe Chabin en l'illustrant : « En 2000, deux CE de direction centrale, nouvellement créés, coexistaient : le CE Transverse et le CE Clientèles. Le premier avait été confié à la CFDT après des élections défavorables aux cégétistes. Le nouveau secrétaire du CE Transverse avait découvert une dette embarrassante de 13 millions de francs envers l'entreprise Eurest qui assurait la restauration et servait littéralement de banque à la CGT. Le secrétaire menaçait de déposer le bilan du CE si cette somme n'était pas réglée. C'est la SNCF qui a, finalement, remboursé la dette rubis sur l'ongle. Curieux non ? Et sur quel budget ? »

Cette générosité n'a-t-elle pas eu pour effet de tempérer les ardeurs syndicales de la CGT et de la CFDT ? Ce « système de primes à la mauvaise gestion », pour reprendre une expression de Philippe Chabin, ne saurait être désintéressé et laisse penser que nul n'est dupe sur sa finalité.

VIII

DOUANES : DES SYNDICATS AU GARDE-À-VOUS

« Dès que j'ai commencé à dénoncer auprès de ma hiérarchie des pratiques inadmissibles au sein de services des douanes et de notre administration, on a tout fait pour me dissuader de continuer… Des syndicalistes, par la suite bien plus préoccupés par leur promotion, m'ont défendu un moment, puis les organisations ont rampé et se sont tues. À ce jour, seule la FGAF [Fédération générale autonome des fonctionnaires] me soutient. » Jean-Paul Viret-to-Cit, 55 ans, principal des douanes et ancien secrétaire régional adjoint de l'UNSA des personnels douaniers des Alpes-Maritimes, nous confie ces propos avec une certaine amertume. Il faut dire que les faits qu'il a pointés ne sont pas anodins : corruption, fraude, racket, détournements lors des saisies, constitutions de pots communs sur le fruit des contrôles, attitudes racistes…

« Dès les années 1980 j'ai signalé en interne ce genre de pratiques qui contredisent gravement à l'idée qu'on peut se faire de la probité des douanes. La réponse a été claire : la hiérarchie, la Direction générale des douanes, m'a tranquillement coupé la tête. Y aurait-il eu un deal, une plus-value pour les syndicats qui ont laissé faire ? Le SNDS [Syndicat national des douaniers de la surveillance] lui-même a fini par me lâcher. Son président, écœuré, a quitté les douanes. »

Jean-Paul Viretto-Cit n'est pas resté passif devant cette situation. Il en a référé directement au sommet de l'État, aux ministres contrôlant Bercy dont Éric Woerth, par un courrier en bonne et due forme. En vain : « Comme les autres, Éric Woerth ne m'a pas défendu du tout, je dirais même qu'avec son directeur de cabinet il a participé à ma neutralisation puisqu'il s'est rangé purement et simplement à la position de ma hiérarchie et de la Direction générale des douanes, reprenant des termes mensongers et des contrevérités à caractère diffamatoire à mon encontre », explique-t-il.

Ensuite, quand Éric Woerth a été emporté dans les remous de l'affaire Bettencourt et la révélation de ses conflits d'intérêt dans la gestion de la fortune de la milliardaire, Jean-Paul Viretto-Cit a repris sa plus belle plume pour écrire au nouveau ministre du Budget, François Baroin. « Son attitude a été exactement la même que celle d'Éric Woerth : j'ai retrouvé les arguments de mes supérieurs, alors même qu'une enquête interne avait confirmé les dérives et que des sanctions avaient été prises à l'encontre des douaniers indélicats ! Là, j'ai vraiment compris qu'on voulait à tout prix me décrédibiliser. »

En 2012, le douanier a espéré que le changement de gouvernement allait permettre une remise en ordre de son dossier. Sa déception a été énorme en découvrant que le nouveau ministre, Jérôme Cahuzac, se contentait de le renvoyer dans les cordes en reprenant tout simplement le discours de l'ancienne équipe. Il se heurtera à la même attitude chez Pierre Moscovici et dernièrement Thomas Lardeau, le chef de cabinet de Bernard Cazeneuve. L'homme ne décolère pas. « En parallèle, des sanctions ont été prises contre certains agents qui s'étaient adonnés à des pratiques de fraude et de corruption, mais on a fait en sorte que je ne puisse plus gêner personne sur la Côte d'Azur. À la direction des douanes, on m'a même fait des promesses si je voulais bien m'apaiser, mais il est évident qu'on veut juste que j'oublie tout et que je me taise à bon compte. »

Voyant son dossier s'enliser dans le déni et les méandres de l'Administration, il nous a apporté son témoignage. Le douanier nous montre la copie des documents qu'il a précieusement compilés pour attester de sa bonne foi et le dossier qu'il a placé entre les mains d'un avocat, dossier sur lequel il achève un ouvrage. Il nous détaille aussi le harcèlement moral dont il s'estime victime depuis qu'il a brisé la loi du silence. On y reconnaît en effet tous les ingrédients typiques du genre : menaces professionnelles, propos désobligeants régulièrement réitérés à son encontre, isolement, déplacement d'office de Menton à Lyon, soit à cinq cents kilomètres de son habitation... Et comme à chaque fois dans ce genre de cas, la guerre d'usure a débouché progressivement sur une « dépression », un arrêt longue durée et des pertes de salaire très importantes.

Anticor 06, l'antenne azuréenne de l'association anticorruption fondée par le juge Éric Halphen, rompue aux scandales qui émaillent quasi quotidiennement la région, a commencé à lui apporter son soutien. De même, l'association SOS Fonctionnaire victime, qui a pour mission de combattre l'omerta qui pèse sur les fonctionnaires lanceurs d'alerte (sous la forme du fameux « devoir de réserve » qui n'est en fait inscrit dans aucune loi), a son dossier entre les mains. Comme cette association, que les syndicats voient d'un mauvais œil car ils n'aiment pas qu'on pallie l'insuffisance de leurs interventions dans la défense des salariés, le douanier fait remarquer que la loi de 2007 qui protège désormais les lanceurs d'alerte ne couvre que les salariés du privé et qu'il n'existe toujours pas de protection du même ordre pour les agents de l'Administration. De sorte qu'aujourd'hui un gouvernement et une hiérarchie peuvent adopter des comportements répressifs qu'aucune entreprise privée ne pourrait se permettre. Ce qui est un comble au regard de l'intérêt général que l'État doit représenter par principe.

Martine Aubry, alors première secrétaire du Parti socialiste, lui a aussi apporté son soutien dans un courrier officiel en 2012, reconnaissant que le traitement qu'on lui fait subir n'est effectivement pas acceptable.

« **Une ambiance d'impunité** »

Chez ses supérieurs et les syndicats douaniers, le malaise est palpable. Les réponses à nos questions tournent vite au même leitmotiv, peu convaincant : « Il a critiqué l'Administration et porté des accusations infondées à l'encontre de la hiérarchie et de ses collègues », « c'est un caractériel », un « mythomane », un « agent incontrôlable ayant manqué au devoir de neutralité »… Mais en évoquant les pratiques précises que le douanier a dénoncées, les réactions sont plus instructives : « Le ménage a été fait parmi les services concernés », affirment les protagonistes. Une réponse passablement contradictoire. À la Direction des douanes du ministère des Finances, le dossier Viretto est manifestement sensible. Quand nous faisons remarquer que, si les douaniers indélicats ont été sanctionnés, c'est que les faits ont été confirmés, la réponse devient filandreuse : « Non car cela fait suite à une enquête qui avait été demandée avant que l'agent nous saisisse. » Voilà qui, au minimum, devrait confirmer à leurs yeux sa bonne foi puisqu'elle avère l'existence des faits. Jean-Paul récuse par ailleurs la réponse de la direction : « Si une opération *mani pulite* dans les années 90 a été diligentée par le parquet, c'est bien parce que j'avais brisé l'omerta institutionnelle, saisi la justice, la douane étant hors-jeu. »

Rappelons quelques exemples des dérives illustrant celles que le douanier a pointées depuis 1985. En 1987-1988, une des plus retentissantes arnaques à la détaxe à l'exportation a été mise au jour, pour un préjudice au détriment du Trésor public se montant à plus de 3 millions de francs grâce à la complicité d'un douanier qui sera relaxé grâce à un vice de forme. En 1992, Louis Defendini, un douanier travaillant sur l'axe Italie-France, a été condamné à plusieurs années de prison pour entente avec la mafia napolitaine assurant, entre autres, le passage de cigarettes de contrebande.

En 1994-1996, à la brigade de Menton, la police judiciaire a retrouvé chez un douanier une somme de 460 000 francs provenant de faits de corruption et de racket sur des ressortissants du Maghreb, avec le concours d'autres douaniers. Plusieurs ont été condamnés à des années de prison ferme. Un autre pratiquait des détaxes pour des marchandises qui ne quittaient pas la France. Cela lui a rapporté quelque 200 000 francs par an. En 1996, policiers et douaniers ont été condamnés pour racket sur étrangers.

Muté à Nice, celui qui a toujours refusé de fermer les yeux sur les abus des collègues a assisté aux mêmes dérives et les a également dénoncées. Là encore, les enquêtes lui ont donné raison : en 1997, plusieurs douaniers de Nice ont été mis en examen, placés sous mandat de dépôt pour fraude et corruption, puis condamnés.

Alors que dès 2007 Jean-Paul Viretto-Cit avait alerté sa hiérarchie puis le parquet de Nice sur de nouveaux dysfonctionnements à la direction régionale de Nice et certaines rumeurs persistantes, en 2009-2011, à Menton et à Nice, un responsable des douanes, Jean-Paul Piazzoli (directeur adjoint du renseignement et des enquêtes douanières), et Michel Neyret (ancien patron de la PJ de Nice et numéro 2 de la PJ de Lyon) ont été mis en examen sous les accusations de trafic d'influence, trafic de stupéfiants, de blanchiment en bande organisée et de corruption — par exemple, ils sont soupçonnés d'avoir couvert un vaste trafic de cigarettes de contrebande entre Chypre, Marseille et l'Angleterre et d'avoir préparé le passage de quantités d'or envoyées par Muammar Kadhafi au moment de la révolution libyenne. « Comme dans la plupart des grosses affaires (exemple les douaniers ripoux de Roissy en 2012), c'est suite à enquête de la PJ et non des douanes que les affaires sont sorties », fait remarquer le douanier.

Pourtant, selon les syndicats et le ministère, il faudrait toujours croire que « les pratiques douteuses sont rares » et que le fonctionnaire incorruptible qui a, le premier, tiré l'alarme, est « nocif pour son administration », « sujet à des fantasmes » et à de l'« agressivité envers son milieu professionnel ». Alors que les condamnations de douaniers étaient rarissimes avant 1985, date à partir de laquelle Jean-Paul Viretto-Cit a alerté sa hiérarchie.

Il ne s'agit d'ailleurs pas du seul douanier (même s'ils sont peu nombreux) à avoir « bougé » pour dénoncer en interne des pratiques qui, selon eux, sont chroniques. Il ne s'agit pas non plus de simples rodomontades, si l'on en juge par l'opiniâtreté de leurs combats, ces hommes allant jusqu'à y sacrifier leur carrière. François Ros, entré en fonction dans les années 1980 en sait quelque chose : « J'ai commencé en tant qu'agent de constatation à la douane Halluin, sur l'axe Belgique-France. J'ai aussitôt constaté des dysfonctionnements, des magouilles au plus bas niveau, des agents se servaient sur les marchandises qui passaient illégalement. Ils n'hésitaient pas à racketter des routiers qui avaient pour habitude de glisser un billet dans les papiers pour éviter les fouilles... Je ne dénonçais rien mais on pouvait voir que ça ne me plaisait pas trop, j'étais sur la réserve. Ce n'était qu'une partie de l'iceberg, plus on grimpe dans la hiérarchie, plus les arrangements sont lourds d'enjeux, comme vient de le rappeler les affaires Neyret[101], Cahuzac ou Tapie. Je suis passé ensuite par les services commerciaux quelques années. J'ai eu le tort de m'énerver quand j'ai vu que ma carrière n'avançait pas aussi vite que ceux qui montraient moins de scrupules et s'arrangeaient entre eux. On a voulu me faire passer pour fou, j'ai finalement fait toute ma carrière en affrontant cette adversité très éprouvante. Pas loin de la retraite, j'ai voulu ouvrir un blog pour dire les choses haut et fort, mais mes supérieurs l'ont fait interdire. Ils font ce qu'ils veulent, ce climat d'impunité permet toutes les dérives. Et je ne parle pas de l'ambiance très délétère, des suicides chez les douaniers... Une fille s'est suicidée encore récemment. Le monde des douaniers est très exposé et on est rapidement en butte à des méthodes psychologiquement brutales. »

Le 1er janvier 1994, en pleine opération mains propres à Menton, un chef de service de la douane de Menton, Serge Ménard, s'est suicidé avec son arme de fonction sur le sentier des douaniers. C'est « Petit Louis », alias Louis Defendini, le complice de la mafia, qui l'a découvert. La rumeur suggère qu'un responsable syndicaliste lui aurait demandé de clarifier certains de ses revenus.

---

101. Michel Neyret, ex n°2 de la police judiciaire de Lyon, a été mis en examen et écroué en octobre 2011 pour « corruption », « trafic d'influence », « association de malfaiteurs » et « trafic de stupéfiants ». Cette procédure, appuyée sur des écoutes téléphoniques, met en cause les liens de l'ex commissaire avec des figures du milieu lyonnais. Cinq autres personnalités ont aussi été mises en examen dans cette affaire.

La machine à broyer

En 2000, d'autres douaniers se sont suicidés. Dans la même période, le douanier Bernard Napias, qui avait fait savoir qu'il supportait mal certaines pratiques et qui avait dénoncé un collègue, a été retrouvé mort, étouffé par un sac plastique autour de la tête. « J'ai connu cet homme, nous dit Jean-Paul Viretto-Cit, il m'avait confié son malaise devant les dérives. »

En 2001, huit agents des douanes se sont suicidés... Pas moins de quarante-six agents ont mis fin à leurs jours entre 1995 et 2004, le plus souvent avec leur arme de service. Une proportion effarante, sur un corps ne comptant que 19 000 salariés. D'autres suicides sont survenus en 2012...

Sur les syndicats, François Ros ne mâche pas ses mots : « Les syndicats ne m'ont pas défendu, ils marchent à fond dans le système, le carriérisme est leur seule préoccupation véritable. Au début, j'étais proche de la CGT, mais je suis parti. Les syndicats font bien dans le paysage mais ils votent ce qu'on leur demande. Ils prétendent défendre les salariés alors qu'ils se rangent systématiquement à l'avis des directions. Les seuls à m'aider ont été Solidaires-Douanes. »

La mission des douanes n'est pas une sinécure. Elle consiste à dissuader les fraudeurs de se jouer des frontières pour faire circuler des produits illicites ou pour échapper aux impôts : drogues, cigarettes, produits toxiques, déchets nucléaires, armes, argent liquide et flux financiers destinés au blanchiment ou à l'évasion fiscale...

S'il y a un problème sur lequel les syndicats des douanes devraient se faire entendre, c'est bien celui des moyens de leurs agents pour accomplir efficacement leur travail face aux tentatives incessantes des fraudeurs d'échapper à leur contrôle. Il s'agit d'abord de l'appauvrissement des ressources en personnel avec la réduction drastique du nombre des agents sur fond d'une passivité syndicale sans précédent, déjà constatée par une enquête de l'Institut de recherches économiques et sociales (IRES) sur la réactivité sociale des agents sous la tutelle du ministère du Budget, réalisée à la demande du Minefi ministère de l'Économie et des Finances. Le rapport d'enquête soulignait en 2004 que, malgré le profond malaise des douaniers soumis aux plans de réduction et de réorganisation, vécus comme un traumatisme collectif, aucun conflit social d'ampleur, ni local ni généralisé, n'était constaté. Avec SUD-Solidaires, l'UNSA fait exception en déclarant : « L'administration des douanes profite de cette passivité des agents, de leur manque de combativité sociale, en chargeant la barque avec une multitude de mesures de régression sociale : limitation du droit de grève, trentième indivisible, tentative d'introduction de dispositifs d'alarme sociale, travail de nuit et les week-ends pour les agents de statut sédentaire, rémunération au mérite, augmentation considérable de la charge de travail, baisse continuelle des effectifs, restructurations incessantes de tous les services, etc. Et pour l'instant tout semble passer, mieux qu'une lettre à la poste. [...] La direction générale est persuadée que les syndicats et les douaniers sont dans l'incapacité d'organiser un mouvement de contestation générale, et elle en profite à tout-va[102]. » Notons que l'UNSA n'envisageait alors pas la moindre action non plus et devait s'en tenir à ce constat.

Même son de cloche du côté de Solidaires-Douanes qui, en mai 2012, dénonçait « une machine à broyer » et le « ronron des CHSCT » : « La souffrance au travail, la surconsommation d'antidépresseurs, les tentatives de suicide ne doivent pas être confinées dans l'approche médicale individuelle et dans le

---

102. UNSA-Douanes, « Douanes et profession » n°129, 2004.

huis clos de la vie privée : c'est un problème collectif, c'est un problème de défaillance du cadre collectif du travail. »

Des injonctions paradoxales

L'efficacité des douanes pâtit aussi énormément des priorités décidées par leur ministère de tutelle, le ministère des Finances, de ses injonctions et, in fine, de l'organisation de leurs services. De façon plus déterminante encore, le cadre réglementaire et législatif qu'on leur fixe conditionne leurs possibilités d'intervention et les laisse très affaiblies pour pister les fonds qui partent discrètement vers les paradis fiscaux (fuites hors de France évaluées à 600 milliards par an, et l'argent sale qui remonte d'Italie via les réseaux mafieux et les « machines à laver françaises » que sont les marchés de l'immobilier, les casinos et certains « cabinets d'expertise »). Nous allons voir que les agents des douanes, au croisement de ces flux qui vont et viennent, soumis à des pressions contradictoires et à divers tabous, deviennent sujets au tournis, quand ils ne se laissent pas porter par les jeux dangereux des avantages subreptices.

Le constat qui s'impose est pathétique dans les secteurs où la fraude concerne les volumes financiers les plus énormes, lesquels se sont considérablement développés avec la mondialisation. Il concerne aussi bien la douane volante, chargée de pister les véhicules suspects, que les fins limiers repérant les flux financiers illégaux, ces transferts qui permettent aux entreprises et aux personnes fortunées de soustraire au fisc chaque année des sommes considérables et qui laissent aussi entrer en France des fonds constitués sur des activités délictueuses. Pourtant, quels sont les syndicats qui dénoncent la porosité effarante des frontières ? Jean-Paul Viretto-Cit l'a également dénoncée et il pense que cela a aussi pesé dans son dossier. On cherche en vain les traces d'un réel activisme parmi les cinq organisations qui composent le cercle très fermé des « syndicats représentatifs ».

« Les syndicalistes des douanes aiment se faire loger à Monaco. Vous devriez examiner cela de près… », nous souffle un observateur bien informé. Vérification faite, il apparaît en effet qu'il s'agit d'une pratique répandue, beaucoup logent à Monaco. « Il n'y a rien d'anormal dans ce fait, il est plus pratique d'habiter près du lieu où je travaille », réagit un fonctionnaire qui profite de cette situation. Tout de même inquiet que cela se sache, il n'a accepté de parler qu'à la condition de conserver son anonymat. Et il se lance : « Par contre, ce qui est moins normal, c'est qu'une partie des douaniers qui s'installent à Monaco se font payer leur crédit immobilier par l'État monégasque… » Notre enquête nous permet de confirmer cette curieuse pratique. Bien sûr, cela ne prouve pas que les douaniers ainsi aidés soient prêts à une plus grande mansuétude devant certains transferts mais, à n'en pas douter, la faveur entretient leur sympathie pour Monaco.

Cette fois, plus aucun syndicat ne parle. Le sujet est connu de tous mais considéré comme trop explosif. Même si à ce jour la brigade de surveillance de Monaco « a vécu », certains douaniers logent toujours dans les immeubles cossus de Fontvieille.

TROISIÈME PARTIE

LE BAL MASQUÉ

IX

DALKIA : DES CÉGÉTISTES DÉNONCENT LEUR FÉDÉRATION

Dalkia est un géant. Ce leader européen du chauffage urbain, issu de la Compagnie générale de chauffe et désormais dans le double giron de Veolia et d'EDF, gère notamment les installations thermiques de plusieurs dizaines de milliers d'établissements[103] et 4,8 millions de logements collectifs dans le monde, pour un chiffre d'affaires de 8,281 milliards d'euros en 2011 et 315 000 salariés dans 42 pays, sur tous les continents. La direction de Dalkia aime rappeler ces aspects à travers les portraits qu'elle dresse de l'entreprise dans ses rapports d'activité et sur son site officiel. Mais si l'on s'approche d'un peu plus près, des détails apparaissent qui ne sont pas précisément ceux que le groupe souhaite mettre en avant…

103. Établissements sanitaires, culturels, sportifs et de loisirs.

Des syndicalistes en lutte au sein de l'entreprise nous apportent en effet une vision des choses moins lisse. « Sur le plan économique, il faut rappeler que Dalkia endette au passage les collectivités sur des décennies pour leur installer des incinérateurs et divers systèmes de chauffage. On y retrouve les mêmes pratiques que celles qui règnent dans la maison mère, Veolia, qui a endetté les communes avec des contrats qui les aliènent littéralement et permettent au groupe d'augmenter ses tarifs de façon scandaleuse. Et tout ça avec la bénédiction des grands syndicats, notamment la CGT et la CFDT, qui sont censés défendre l'intérêt public… Et gare à ceux qui veulent dénoncer ce système et les ententes avec les centrales[104] ! »

Le propos n'est pas tenu par n'importe qui. Il vient de cégétistes de Dalkia, en rupture de ban avec la fédération CGT du secteur et contraints de s'en distinguer en prenant le nom de CGT-E[105], un syndicat aujourd'hui puissant au sein du groupe. Leur fidélité à la CGT est foncièrement incontestable. En témoigne le parcours du délégué syndical central CGT-E, Ali Bendris, qui travaille dans l'entreprise comme technicien depuis trente et un ans. Il a été délégué syndical CGT durant vingt-six ans, de 1978 jusqu'en 2004, et membre CGT du comité de groupe de Veolia de 1998 à 2004. En 2002, Ali Bendris et ses camarades ont commencé à informer régulièrement la direction syndicale fédérale de la CGT de la construction, à laquelle leur syndicat était affilié[106], pour l'alerter sur des pratiques qu'ils jugeaient très suspectes et des attitudes antidémocratiques vis-à-vis des autres militants syndicalistes et des syndiqués.

---

104. Entretien avec les auteurs, janvier 2012.
105. Un sigle en forme de clin d'œil qui signifie Collectif général des travailleurs de l'énergie.
106. Dalkia relève à la fois des secteurs de la construction et de l'énergie.

« Manifestement, nos alertes n'ont pas plu, explique-t-il. L'absence de soutien de la fédération CGT de la construction nous a conduits à nous en désaffilier et à rejoindre la fédération CGT de l'énergie, conformément à l'article 8 des statuts de la CGT[107]. Nous avons alors pris la dénomination CGT-E et notre syndicat s'est rapidement étendu en France. » Son succès n'a pas manqué d'inquiéter en haut lieu puisqu'il est devenu la plus grande organisation syndicale de Dalkia[108]. « Au début, la fédération de l'énergie a soutenu notre choix, mais elle s'est rétractée quelques mois après. » Pour le moins, les cégétistes de Dalkia pouvaient se sentir trahis par leurs fédérations et par la confédération elle-même, très en retrait, au nom d'intérêts très opaques, en totale contradiction avec la volonté des salariés. En voyant cela, ils ont opté pour un rapprochement avec le syndicat SUD, plus proche de leur combat. Depuis, le tir de barrage de la CGT est intensif et fait feu de tout bois, notamment en saisissant les tribunaux au moindre de leur geste.

Ces insurgés dénoncent aussi les projets des dirigeants de Dalkia comme une stratégie typique des privatisations progressives du secteur public. Dès les années 1990, Henri Proglio rêvait de regrouper l'eau et l'énergie en prenant les rênes d'EDF tout en consolidant son pouvoir sur la CGE (Compagnie générale des eaux, qui allait devenir Vivendi Environnement, puis Veolia Environnement). Il avait préparé ce rapprochement en créant, avec Guy Dejouany, la société Dalkia en 1998. Officiellement,

107. L'entrée d'EDF dans le capital de la société en 1999 leur permettait normalement de choisir cette fédération.

108. En mars 2005, malgré les attaques juridiques, CGT-E est devenu le syndicat majoritaire au second tour des élections professionnelles d'Île-de-France. Et le tribunal d'instance de Vanves chargé de trancher la question de leur représentativité a donné tort à ceux qui la contestaient.

il s'agissait de regrouper les immenses marchés quasi captifs d'EDF et de Veolia, mais la question est rapidement apparue de savoir si cette intégration ne visait pas simplement à faire glisser le tout vers le secteur privé. La répartition initiale attribuait 51 % des actifs à Veolia et 49 % à EDF. Juré craché, ce partenariat devait conserver cet équilibre pour éloigner toute crainte de voir EDF abandonner son portefeuille à des acteurs commerciaux ou de céder trop de parts à Veolia. Il devait aussi permettre aux centrales syndicales d'accepter le montage sans paraître avaler des couleuvres géantes. Les syndicats d'EDF déclaraient d'ailleurs qu'ils feraient preuve de vigilance contre toute tentative patronale de transformer cette mixité en gâteau pour les spéculateurs. Pourtant, pas à pas, Veolia a augmenté son contrôle et détient aujourd'hui, en 2012, 66 % de Dalkia contre 34 % pour EDF, qui se retrouve ainsi à la limite de la minorité de blocage. Ce qui confirme que, dès le début, les délégués de SUD-Énergie et de CGT-E ne se sont pas trompés en voyant dans le montage de Dalkia une première étape en vue de privatiser à terme l'énergie. Quant aux autres syndicats, ils n'y voient toujours pas de « réel danger », quand ils ne se déclarent pas franchement favorables à la perspective d'une libéralisation complète du groupe pour « mieux s'imposer face à la concurrence internationale ». Un discours qui surprend un peu dans la bouche d'une CGT qui prône le respect du secteur public depuis plus d'un siècle et, de façon générale, le combat contre le capitalisme[109].

Des patrons aimés des syndicats

Entre-temps, en 2009, Henri Proglio allait pourtant obtenir de Christine Lagarde, alors ministre des Finances, la direction d'EDF tout en prétendant conserver le poste de P-G de Veolia,

109. Voir la charte d'Amiens de 1906, *infra*, page 17.

ce qui lui promettait une double rémunération colossale (2 millions d'euros par an), sans compter une retraite chapeau de 13 millions d'euros et une retraite dorée.

Contrairement aux militants de SUD-Énergie et de CGT-E, les centrales syndicales ne s'en étaient pas émues, témoignant même au patron une fidélité à toute épreuve, tout comme celle qu'ils affichaient pour Jean-Marie Messier au temps de sa splendeur, et cela jusqu'à sa chute et même au-delà.

Des relations de franche camaraderie que ces militants ont pu constater dès les années 1990 entre la direction et la fédération de la construction. « Il en résultait pour nous un grave malaise, explique Ali Bendris. Les choses ont été en s'aggravant : la direction organisait les rencontres de façon de plus en plus somptuaires, les dépenses pour ces échanges avec les syndicats devenaient de plus en plus visibles. Avec l'arrivée de Jean-Marie Messier, des dîners avaient lieu dans les lieux les plus prestigieux, comme la brasserie Clément sur les Champs-Élysées. Les délégués provinciaux étaient logés aussi dans des hôtels luxueux à deux pas. Il y eut même une invitation des syndicalistes durant une semaine à New York par Jean-Marie Messier. » Le syndicaliste souligne que sur l'ensemble du séjour, une seule journée a été consacrée au travail. « Comme nous n'avons pas caché nos critiques, la délégation CGT de Dalkia s'est trouvée reléguée. » Pendant ce temps-là, les délégations CGT des autres secteurs ont continué à être fastueusement traitées.

Il se souvient aussi de la réunion organisée au siège de la confédération à Montreuil, lors de la chute de Messier, avec le secrétaire du comité de groupe[110] et d'autres qui ont « carrément défendu la politique du patron milliardaire », alors que

110. Comité issu des fédérations relevant du champ d'activité de Veolia Environnement.

ce dernier venait de conduire au bord de la ruine l'un des plus grands groupes français représentant un pôle d'emplois de 370 000 salariés (dont 150 000 en France, soit l'un des trois premiers employeurs), notamment en cachant des dettes colossales et en multipliant les investissements aventureux. La valeur de Vivendi, tombée au plus bas (15 euros) après avoir atteint les sommets du CAC 40, frôlait le crash et menaçait d'entraîner au tapis l'ensemble de ses filiales, dont Dalkia, pour ne pas parler de ses nombreux partenaires. Complétons le tableau par un détail stupéfiant : malgré le scandale, aucun tract syndical n'avait été tiré pour dénoncer la gestion du patron.

Les scènes qu'Ali Bendris retrace font écho à tous les témoignages qui, au sein des autres organisations, confirment le constat : les syndicats de salariés, à tous les niveaux de leur hiérarchie, ont toujours montré une étrange complaisance pour Jean-Marie Messier. « Notre rupture avec la fédération de la construction, poursuit Ali Bendris, a vraiment pris forme lors d'une réunion informelle dans un luxueux salon parisien en présence d'un représentant de la confédération, spécialiste des publicités, d'un membre du bureau de la fédération de la construction, de représentants de la CGT de Dalkia et du directeur des ressources humaines, Éric de Ficquelmont, lequel nous a déclaré vouloir recomposer le champ syndical chez Veolia et que la CGT devienne l'interlocuteur principal. Les pages de publicité de Dalkia et de Veolia Environnement ont alors foisonné dans les revues de la fédé de la construction, en particulier dans le journal fédéral *L'Aplomb.* » Il faut dire qu'une seule publicité de Dalkia peut être facturée jusqu'à 7 000 euros.

Nul ne peut nier, en effet, cette abondance publicitaire, notamment la multiplication d'une page représentant la vue aérienne d'un village dans l'écrin d'un bel environnement vert autour d'un arbre, avec une légende : « Si on vous dit "environnement", vous voyez quoi ? Vous voyez un arbre, mais paradoxalement il faut y voir un défi industriel parce qu'il faut aujourd'hui savoir concilier activité humaine et environnement… »

Certes, la fédération CGT en cause nie tout financement occulte à travers ces pages qui, pourtant, ne peuvent prétendre viser des clients parmi les salariés qui reçoivent la revue. Mais, tout comme celles que Dassault multiplie dans les publications syndicales de son groupe pour des avions ou des chars que les ouvriers ne sauraient s'offrir, elles illustrent une singulière propension des directions des grandes entreprises à prendre soin des syndicats. Le bel arbre de ce message publicitaire cachait une forêt de financements industriels utilisant le même genre de support. Un procédé toujours en vogue, comme nous l'avons vu[111].

Cette manne publicitaire est tombée précisément au moment que la fédération a choisi pour nommer d'autres représentants CGT à la place de ceux de CGT-E. Ensuite, tout s'est précipité : la direction de Dalkia et la fédération CGT de la construction ont déclenché une avalanche de procès contre les rebelles — une quarantaine en quatre ans seulement ! — essentiellement pour contester la représentativité de leur syndicat[112]. Pour ces derniers, il ne fait guère de doute que ces actions visent à criminaliser leur activité et le nouveau syndicat. Ils se demandent aussi qui finance en réalité toutes ces procédures, tout en constatant que les publicités ne tarissent pas dans les revues syndicales, et en espérant que le législateur se décidera un jour à imposer des limites et de la transparence à cette perfusion qui déséquilibre la démocratie syndicale au profit des organisations choyées.

---

111. Voir le chapitre « La Vie Ouvrière »

112. Notamment à Lille, Lyon, Tours, Paris, Bordeaux, Libourne, Vanves, Metz, Poitiers…

En 2011, CGT-E Dalkia a rédigé un tract au titre suggestif : « Jusqu'où iront-ils dans la compromission ? » Y était rappelée l'étonnante unanimité des syndicats CFDT, FO, CFTC, CGC, UNSA et CGT du groupe Veolia pour défendre leur P-DG Henri Proglio face à l'opinion, troublée de le voir nommé aussi à la tête d'EDF et cumuler des pouvoirs et des prétentions financières exorbitants. Cet homme qui a toujours préféré l'ombre à la lumière se retrouvait soudain sous les projecteurs des médias. Son nom était certes apparu dans la presse quand celle-ci publia la liste des invités du Fouquet's, le soir de l'élection de Nicolas Sarkozy à la présidence de la République. Henri Proglio avait dû se plier à l'invitation. Il était parvenu à rester assez discret pour que ces relations privilégiées avec le chef de l'État ne fassent pas l'objet d'un décryptage attentif. Le public, sensible à des figures plus glamour, avait porté son attention sur les autres invités, notamment sur la femme qui était venue en sa compagnie, Rachida Dati. Mais quand le gouvernement lui a confié la responsabilité de rapprocher les deux mastodontes, EDF et Veolia, tout en prolongeant la léthargie des syndicats, son nom est devenu l'un des symboles des rémunérations abusives des patrons les plus cotés.

Offrant sa poitrine pour protéger Henri Proglio de la vindicte populaire, le représentant de la CGT au conseil d'administration de Veolia s'était même laissé aller à défendre sa double casquette EDF-Veolia, en déclarant accessoirement : « Dans l'absolu ce n'est pas choquant, d'autant qu'il était déjà au conseil d'administration d'EDF. » Un argument bien court pour justifier le volume de rémunération du patron, qui atteint 153 847 fois le SMIC perçu par la grande majorité des salariés du groupe, qui plus est dans une période de crise, de chômage et de passage d'un nombre grandissant de Français sous le seuil de pauvreté. Étonnant, en tout état de cause, dans la bouche d'un homme censé défendre les intérêts des ouvriers. Il faisait d'ailleurs écho à la position générale des fédérations rangées derrière le patron et à l'intersyndicale de Veolia, favorable au maintien d'Henri Proglio à la tête des deux groupes.

Éliminer ceux qui luttent encore

Un tract des militants de CGT-E notait à ce propos : « Les érudits de la courbette et de la réunionite préfèrent verser des larmes de crocodiles sur leur mentor plutôt que de se révolter contre le licenciement d'Evelyne Gaillet, déléguée syndicale du CGT-E Dalkia, harcelée, discriminée puis licenciée pour activité syndicale[113]. Ils choisissent la chaleur de leurs bureaux feutrés de la rue d'Anjou dans le 8e arrondissement de Paris au soutien de deux dirigeants de SUD-Énergie qui ont refusé de se nourrir dix-huit jours durant, du 14 au 31 décembre 2009, pour la réintégration de deux syndicalistes licenciés pour faits de grève et dénoncer les atteintes aux libertés syndicales. »

Des atteintes caractérisées et doublées d'un rare acharnement judiciaire accumulant les plaintes au pénal contre les syndicalistes combatifs. Les dirigeants de la fédération de la CGT, appuyés par la direction et par des délégués du personnel, obligeaient concrètement la jeune organisation CGT-E à affronter des dépenses ruineuses aussi bien en argent qu'en énergie. Pour se défendre, en effet, un procès nécessite de

113. Licenciée en octobre 2006, après vingt-quatre ans de service, en lutte notamment pour la transparence des comptes du comité d'établissement, la promotion des droits des femmes au sein de l'entreprise, le soutien aux salariés victimes de l'amiante chez Dalkia, la défense du service public EDF/GDF. Elle a finalement été réintégrée chez Dalkia et indemnisée après une victoire devant les prud'hommes en 2008, qui ont confirmé qu'elle avait été licenciée abusivement.

payer des frais d'avocats et de prendre du temps pour réunir les pièces du dossier et les témoignages. Avant même de connaître l'issue d'un procès et de savoir si la cour déboutera l'attaquant ou lui donnera raison, la somme de travail à accomplir est éprouvante, comme l'est aussi l'attente du jugement. Ce dernier ne va jamais de soi et il oblige souvent à saisir la cour d'appel, voire à poursuivre la procédure en cassation, chaque nouvelle étape exigeant des dépenses et la constitution d'un nouveau dossier…

Rappelons qu'il suffit d'une seule condamnation sur cent procès gagnés pour anéantir une structure par le montant des dommages et intérêts à verser. C'est ce qui est presque arrivé à Lille, en 2008, la CGT-Construction et la direction de Dalkia ayant saisi les tribunaux pour contester une nouvelle fois la validité des mandats nationaux des élus CGT-E, et réclamé 203 000 euros d'amende civile et de dommages et intérêts au titre de « condamnations solidaires du syndicat et de ses animateurs ». Ce qui signifiait qu'au cas où le juge les suivait, le défaut du paiement des amendes par le syndicat autorisait l'entreprise et la fédération CGT à se retourner contre les délégués CGT-E pour leur faire débourser individuellement ces sommes exorbitantes, sans se soucier de leurs revenus réels et de leur situation personnelle et familiale. À cela s'ajoutait les frais d'huissier.

Ce scénario s'est en partie réalisé quand le juge a condamné lors de ce procès le syndicat CGT-E à verser 30 000 euros. Dalkia et la CGT ont décidé de procéder par voie d'huissier à la saisie du compte bancaire personnel d'Ali Bendris. Celui-ci nous précise : « L'avis d'huissier indiquait que je ne disposerais plus que d'une somme à caractère alimentaire de 460 euros, équivalente au RSA en vigueur depuis le 1er janvier 2010[114]. »

114. Entretien avec les auteurs, mai 2012.

L'épée de Damoclès pouvait aussi, d'un instant à l'autre, tomber sur la tête de ses compagnons de lutte, Bruno Sinagoga et Olivier Cadario, respectivement secrétaire général du syndicat et représentant syndical au CCE.

L'objectif du pilonnage judiciaire est explicite : il s'agit pour la grande CGT et la direction de Dalkia d'éliminer purement et simplement ce foyer de contestation interne qui risque de faire école. Au passage, ce tir d'artillerie fait plaisir aux partenaires sociaux qui, aux commandes d'EDF et de Veolia, ne voient pas non plus d'un bon œil ce groupe de syndicalistes irréductibles et contagieux qui regardent à la loupe les accords et les projets des dirigeants.

Un tract de SUD-Énergie soutenant les insurgés, distribué aux salariés de Dalkia à l'automne 2010, dénonçait cet « acharnement » et montrait que les différents protagonistes avaient parfaitement compris la nature des enjeux liés à ces procès : « C'est un déni de la démocratie et une violation de la liberté syndicale qui vise à faire plier les genoux de nos camarades et à empêcher l'ancrage dans l'entreprise et le développement du syndicalisme de lutte, honnête et indépendant de l'employeur[115]. » Le même tract annonçait que des grèves de la faim allaient être lancées si la procédure de saisie était maintenue…

La fédération de la CGT et Olivier Barbaroux, le P-DG du groupe Dalkia, étaient aussitôt informés de ce projet de grève. Une action de cette nature attirant plus facilement l'attention des médias, elle risquait de mettre sur la place publique cette guerre intestine et les relations des syndicats avec la direction. De même, Antoine Frérot, le successeur d'Henri Proglio au poste de P-DG du groupe Veolia, était averti et s'en inquiétait. Mieux valait éviter de laver son linge sale au vu et au su de l'opinion publique.

115. Sud-Énergie, tract de septembre 2010.

Les quelques démarches entreprises par la direction pour calmer le jeu sont restées vaines. Les militants ont diversifié leurs actions et résistent encore, insensibles aux propositions d'arrangements qui veulent adoucir leurs ardeurs.

Le véritable tabou

Ils y résistent d'autant mieux qu'ils ont pris l'habitude de dénoncer les exemples de dérives qui donnent lieu à des accords vite signés par certains syndicalistes. Mansuétude financière, embauches de proches, frais de bouche, voitures à disposition, abonnements téléphoniques et portables gratuits… Ils évoquent aussi la pratique fréquente qui consiste à inciter des élus à se retirer avec un bon pactole. Celui-ci, par exemple : « Un responsable fédéral qui avait voulu la peau de notre syndicat a négocié avec la direction de Dalkia Nord son départ pour une jolie somme d'euros en 2003 et a acheté un café. » Vérification faite, la personne existe bien, de même que son café. Son départ de l'entreprise avec une somme enviable ne prouve évidemment pas qu'il a vendu son mandat syndical, mais cela permet de comprendre que le bénéficiaire y trouve peu ou prou quelque motif de résignation. Nous verrons que d'autres, dans diverses entreprises, ont indubitablement commis le forfait de se vendre, ce que la jurisprudence condamne[116].

Concernant la fédération CGT qui cultive les faveurs de Dalkia, d'autres éclairages se révèlent encore plus saisissants. Nous avons eu la curiosité de consulter quelques documents qui nous renseignent sur l'état des troupes syndicales chez Dalkia. La fédération CGT de la construction

116. Sur ce point, voir Roger Lenglet *24 H sous influences*, Nouvelles Editions François Bourin 2013, pages 56-57.

comptait 120 000 adhérents en 1974, pour quatre permanents cégétistes payés. En 2012, elle ne dénombre plus que 10 000 adhérents. En revanche, le nombre des permanents cégétistes payés est passé à... une trentaine de personnes. Autrement dit, le nombre des cégétistes professionnels dans la construction s'est multiplié par sept alors que le nombre des adhérents représentés s'est divisé par douze ! Ces chiffres proprement sidérants suscitent d'abord l'incrédulité, mais ils sont rigoureusement exacts. Pour le dire avec élégance, la capacité de la fédération à développer ses équipes de permanents montre un savoir-faire qu'il faudrait saluer si cela reposait sur ses cotisations. Or, la perte de ses syndiqués confirme que son financement provient d'autres mains. Des mains qui, pour l'heure, restent dans l'ombre, la fédération se gardant de produire la moindre explication. Comment ses permanents sont-ils payés et par qui ? Ajoutons-y la question que se posent les salariés qui ont remarqué cette anomalie : pour quoi faire ? Laissons de côté le soupçon d'emplois fictifs chuchoté dans les couloirs. Devant nos questions, la direction de Dalkia reste sourde. Le Medef et la branche construction ne répondent pas non plus. À l'échelle nationale, la confédération se contente de soupirer en laissant entendre que nous leur voulons du mal.

Nous avons pu identifier qu'un tiers est payé par le groupe dans le cadre d'« accords de détachement » et de « décharges horaires »... Ce qui, hélas, ne fait pas de Dalkia un cas à part. Le phénomène, qui offre à l'origine un droit parfaitement légitime aux syndicalistes, a pris une ampleur nationale et la proportion des ressources provenant des grands groupes industriels et financiers est souvent plus énorme encore, atteignant parfois jusqu'à 50 % des ressources syndicales. En un mot, nous allions découvrir que nos grandes organisations syndicales sont financées par les directions d'entreprise pour une part essentielle, laquelle s'ajoute à l'argent ponctionné sur les organismes sociaux, les fonds de la formation professionnelle et les entreprises publiques. Il n'y a pas si longtemps, si l'on avait apprit ça aux syndiqués de l'Hexagone, la majorité d'entre eux auraient déchiré immédiatement leur carte ou exigé une refonte complète du système afin de rendre aux syndicats leur indépendance. Beaucoup auraient vu dans une telle situation au minimum une corruption structurelle et soupçonné des enrichissements personnels des syndicalistes d'abord soucieux de pérenniser leurs prébendes et de parfaire leur rente de situation.

Le cas Dalkia illustrant une CGT entrée en guerre contre ses propres militants n'est pas unique non plus, loin s'en faut, bien que les historiens attitrés du syndicalisme, largement rétribués par les organisations, omettent d'évoquer ces cas. Nous allons découvrir que la même plaie ronge d'autres syndicats et qu'elle n'est pas pour déplaire aux employeurs qui, tirant largement profit de ces divisions intestines, n'hésitent pas à les entretenir, à multiplier les cadeaux aux syndicats qui s'attaquent à leurs propres troupes, voire à rémunérer eux-mêmes leurs avocats…

Maladies professionnelles, dossier explosif

Avant de quitter Dalkia, un dossier est porté à notre connaissance : celui de la prévention contre les accidents du travail et des maladies professionnelles. Il constitue un autre versant édifiant des relations entre Dalkia et les syndicats. Alors que ces derniers se montrent habituellement attentifs à ne pas entrer dans le jeu des employeurs, qui préfèrent souvent économiser sur les coûts liés à la prévention, quitte à exposer les salariés à des contaminations parfois graves comme l'affaire de l'amiante l'a dramatiquement montré[117], les grandes organisations syndicales présentes chez Dalkia font également preuve d'une rare mansuétude devant les faiblesses de la protection des salariés face aux risques sanitaires. En témoigne la manière de gérer le problème des expositions aux poussières ligneuses cancérogènes dans la filière biomasse que développe Dalkia partout en France. Un dossier énorme...

Pierre de Montlivault a été auditionné, en tant que représentant de Dalkia en 2012, par la mission chargée par le gouvernement d'évaluer les avantages et les inconvénients des usages non alimentaires de la biomasse[118].

La direction de Dalkia et les syndicats eux-mêmes, qui auraient pourtant dû tirer les leçons de la terrible omerta qui a trop longtemps verrouillé le dossier de l'amiante, n'aiment pas qu'on aborde le sujet. Les uns et les autres répètent qu'« il ne faut pas exagérer la toxicité des poussières de bois », oubliant que c'est le même optimisme affiché qui avait permis que les cancers du poumon se multiplient insidieusement parmi de nombreux salariés du groupe, exposés aux fibres minérales habillant les chaufferies. Ils n'aiment pas non plus qu'on pointe les dangers liés à la modernisation des installations thermiques qui ont mis les ouvriers nez à nez avec les maudites fibres depuis leur interdiction en 1997. Le désamiantage n'a pas fini de faire parler de lui chez Dalkia, notamment sous la forme de mises en cause judiciaires des dirigeants, tandis que déjà l'on pointe la négligence face à certains produits sur lesquels les toxicologues tirent l'alarme depuis des années.

---

117. Roger Lenglet, *L'Affaire de l'amiante,* éditions La Découverte, 1996.

118. Rapport de mission, *Les Usages non alimentaires de la biomasse*, Sylvie Alexandre *et al.*, ministères de l'Écologie, de l'Agriculture et du Redressement productif, septembre 2012.

Alors que les syndicats battent encore discrètement leur coulpe pour avoir « laissé les copains aller au devant de la mort et tomber comme des mouches[119] » au nom de l'emploi et pour de sombres compromis, le même scénario semble se poursuivre aussi bien face aux maudites fibres d'amiante que devant d'autres cancérogènes…

Les insurgés du groupe nous rappellent qu'ils ont déposé plainte contre Dalkia pour mise en danger de la vie d'autrui. Ce dossier en cours d'instruction complète l'assistance juridique des salariés en procès contre la société pour faute inexcusable devant les tribunaux des affaires de sécurité sociale. Les mêmes soulignent qu'ils doivent sans cesse inciter les autres organisations à mobiliser leurs représentants au CHSCT contre le risque amiante. Ils se sont coordonnés par ailleurs avec l'ASVVA (Association des salariés de Veolia victimes de l'amiante) au profit des salariés et de leurs ayants droit.

119. Échanges lors d'une réunion organisée par la CGT en 1995, *L'Affaire de l'amiante*, op. cit., p. 182-183.

X

LA CFDT LÂCHE…
LA CFDT MARITIME-NORD

En mars 2012, cinq ex-employés de SeaFrance étaient mis en examen et placés sous contrôle judiciaire dans le cadre de l'enquête sur les fraudes à la vente de l'alcool et d'autres marchandises à bord des ferries de la compagnie, sous le motif de vol en bande organisée et d'abus de confiance. Au début du mois de juin suivant, huit nouvelles personnes, des caissiers et des intendants, étaient à leur tour placées en garde à vue et entendues durant quarante-huit heures par des enquêteurs de la section de recherche de Lille, avant d'être déférées devant le juge instruisant l'affaire. Il allait prononcer leur mise en examen pour faux et usage de faux en écriture, vol en bande organisée, recel de vol en bande organisée et abus de confiance, assortie de cautions allant jusqu'à 20 000 euros.

Les « sources proches de l'instruction », pour reprendre l'expression consacrée par la presse quand elle se contente de citer les magistrats ou les « fuites » organisées par les services de communication du ministère de l'Intérieur, ont omis de signaler que le trafic portait aussi sur le tabac. Un trafic pourtant volumineux, selon nos propres sources sur le terrain, et qui permettait à de nombreux bureaux de tabac calaisiens de revendre à leurs clients préférés des paquets de cigarettes autour de 2 euros. Mais les douanes n'aiment pas qu'on évoque ces passages frauduleux incessants qui, de fait, ne plaident pas en faveur de leur efficacité.

Entre ces deux vagues de mises en examen, le bureau national confédéral de la CFDT entérinait sa décision de radier le syndicat CFDT Maritime-Nord, syndicat majoritaire de la défunte compagnie SeaFrance. Cette entreprise chargée d'assurer la traversée de la Manche entre Calais et Douvres avec ses quatre ferries, forte de 880 salariés en France et 130 en Angleterre, était alors en liquidation judiciaire, avec en prime la justice sur les talons des leaders de la CFDT locale. En excluant une section entière, la centrale de François Chérèque prenait une décision historique. « C'est la première fois que je prononce une exclusion », déclarait le secrétaire général de la confédération.

Une radiation à contrecœur

Cette sentence était d'autant plus difficile à prendre que le bureau national de la CFDT n'avait jamais exprimé la moindre indignation publique, malgré le rapport de la Cour des comptes accablant sur les pratiques illégales des responsables cédétistes de la compagnie, remis au gouvernement en 2009 ; malgré aussi un rapport d'audit du cabinet Mazars tout aussi accusateur et relevant un montant de fraudes atteignant les 3 millions d'euros annuels[120] ; malgré encore la condam-

120. En 2008 et en 2009.

nation de trois des dirigeants de la CFDT maritime à des peines de prison et des amendes pour violence, le 10 février 2009 ; malgré enfin plusieurs enquêtes judiciaires et un intendant retrouvé mort alors qu'il venait de déposer auprès de la police une main courante évoquant des trafics sur les ferries de SeaFrance[121]... Décidément, cette décision d'exclusion n'a pas été facile à prendre.

Il a fallu que la CFDT Maritime-Nord soit placée sous le feu des projecteurs des médias durant deux ans et qu'on étale le détail des pratiques de fraude, de corruption et d'abus de biens sociaux, pour que François Chérèque lance cette procédure de radiation. Finalement, le bannissement arrivait alors que la compagnie SeaFrance était déjà liquidée, et la CFDT Maritime-Nord moribonde.

Le refrain commence à être connu : détournements, abus de biens sociaux, opacité des comptes... S'y ajoute cette fois une expression juridique que nous n'avions pas encore rencontrée dans les incriminations concernant des syndicats : « vol en bande organisée ». Les larcins étaient devenus systématiques à bord des bateaux et consistaient surtout à escamoter une partie des stocks de marchandises destinées à la vente aux passagers. Pendant des années, peut-être des décennies, tout le monde se taisait ou presque. La CFDT Maritime-Nord ultra-majoritaire régnait sur ce petit monde. Le syndicalisme, à SeaFrance, était tétanisé devant les abus de certains représentants de la CFDT qui, à en croire des syndiqués encore apeurés et des militants des autres organisations, auraient imposé une véritable terreur dans l'entreprise.

La direction nationale de la CFDT, informée des dérives depuis des années, ne pouvait persister plus longtemps sans

121. Voir *infra*, pages 195-197.

susciter des questions qui auraient ouvertement mis en cause son intégrité et risqué de la faire tanguer dangereusement. La presse commençait d'ailleurs à soupçonner une volonté de la confédération de ne rien voir et laissait percer le sentiment que les relations entre le syndicat maritime et la centrale abritaient des secrets. Tel le journal *Libération* qui, au début de l'année 2012, affichait un titre très éloquent : « SeaFrance : les dérives de la CFDT[122] ». Plus explicitement, sur RTL le 9 janvier, Jean-Michel Apathie interpellait son invité du jour, François Chérèque, alors que celui-ci annonçait qu'il allait demander l'exclusion de la section syndicale : « Vous n'avez pas tardé à prendre vos distances avec ce syndicat CFDT ? » Le secrétaire général se réfugiait derrière l'argument pénaliste de la présomption d'innocence, comme si les rapports précédents et les nombreux témoignages avaient pu laisser la moindre illusion ; les faits étaient dénoncés depuis des années et parfaitement identifiés. Puis le patron de la CFDT justifiait sa nouvelle attitude, reléguant aussitôt le principe pénal : « Maintenant, des langues se délient et je pense qu'on est au-delà de la présomption. »

Il est évident que la confédération cherchait à éviter cette issue et le moins qu'on puisse dire est qu'elle n'a pas contribué à crever l'abcès, même si elle prétend qu'elle était en conflit « depuis longtemps » avec son syndicat local.

Instrumentaliser le pourrissement

La patiente indulgence du bureau confédéral est à l'aune de celle dont ont fait preuve la direction de SeaFrance et la SNCF (qui détient 100 % de SeaFrance). Cette « bienveillance » n'est

122. Catherine Maussion, Luc Peillon et Yann Philippin, *Libération*, 6 janvier 2012.

pas sans faire songer à celle que la SNCF a pu montrer pour la CGT dirigeant les CE des cheminots malgré les dérives de ces derniers[123]. La comparaison est saisissante : la CFDT de la compagnie maritime n'a rien à envier à la CGT ferroviaire, et le mutisme des directions sur ses dérives financières et les abus les plus invraisemblables est similaire, alors qu'elles ne pouvaient ignorer ce que la Cour des comptes avait pointé chez SeaFrance dans son rapport du 13 mars 2009 : « emprise de la CFDT et mainmise de ce syndicat sur l'embauche et l'avancement du personnel », « recrutement de personnes peu motivées et n'ayant souvent aucune qualification », « cooptation selon des critères peu transparents », « les recommandations familiales et surtout l'appui de la formation syndicale majoritaire entrent comme un facteur déterminant dans la sélection des candidats », « absentéisme », « promotions juste avant la retraite pour augmenter le montant de leur pension »… Rappelons que ces promotions de pure complaisance sont pourtant explicitement interdites par décret depuis 1952. Le rapport relève aussi : « La compagnie continue de payer en congés un certain nombre de personnels, en particulier les ADSG [les services généraux], bien au-delà de la fin de leurs congés acquis, au lieu de les embarquer, alors même que la société a recours à des CDD. »

La Cour s'était d'ailleurs elle-même étonnée de l'« attentisme » de la SNCF, qui s'était étrangement contentée de regarder la situation pourrir, comme s'il s'agissait d'un « naufrage programmé » : « La politique de la SNCF à l'égard de sa filiale n'a pas toujours été très claire. La situation financière aujourd'hui dégradée de SeaFrance impose à la SNCF de s'impliquer davantage dans les perspectives de moyen terme. » Le

123. Voir chapitre « La CGT déraille à la SNCF »

rapport notait aussi : « N'ayant pas donné de cap, la SNCF ne s'est pas désengagée de SeaFrance, sans pour autant fixer les objectifs du développement futur de la société. » Elle n'était d'ailleurs pas intervenue autrement qu'en nommant Pierre Fa à la direction de la compagnie en octobre 2008, lequel avait fini de conduire l'entreprise vers le naufrage en licenciant plus de sept cents salariés, soit près de la moitié du personnel, sans faire cesser les pratiques du syndicat…

Les hauts magistrats pointent en passant que la direction de SeaFrance a acheté à Veolia en 2007 un navire, le *Jean Nicoli* (rebaptisé *Molière*), dont les travaux d'adaptation amèneront la compagnie à dépasser de 7 millions d'euros le budget initial, avec en outre une perte d'exploitation due au retard des travaux, « de l'ordre de 3 millions d'euros ».

On se demande aussi pourquoi elle a attendu si longtemps pour mettre son nez dans les comptes du comité d'entreprise géré par la CFDT. Comptes qu'elle s'est finalement résolue à demander, par voie judiciaire, mais si tard qu'elle n'a jamais pu les obtenir, bien que la cour d'appel de Douai ait condamné, sous astreinte de 500 euros par jour, Éric Vercoutre, le secrétaire du CE, et David Baré, son trésorier, à remettre les documents à la direction de SeaFrance. On ne s'explique pas plus pourquoi la CGT et la CGC ne se sont pas non plus engagées dans cette procédure avant que la direction ne s'y décide.

Chez SeaFrance, la direction avait purement et simplement accepté de cogérer la compagnie avec les syndicalistes. Fait tout aussi remarquable, la direction a attendu d'être dans le collimateur des médias et de la Cour des comptes pour déposer une plainte contre X dans cette affaire, fin 2009, pour « abus de confiance, faux et usage de faux, vol en bande organisée ».

Il n'est pas jusqu'à la position de l'Élysée qui ne laisse songeur. On peut difficilement imaginer que la direction de la SNCF, dont le P-DG est nommé politiquement, s'autorise une telle passivité face aux dérives du syndicat sans l'aval du président de la République. D'ailleurs, Nicolas Sarkozy a pris ouvertement fait et cause, dans cette affaire, pour une entente avec la CFDT maritime. Semblant oublier les malversations épinglées, il a été jusqu'à défendre la mise en place d'une coopérative (SCOP) gérée par le syndicat lui-même, et le versement d'une « indemnisation supra-légale exceptionnelle[124] en faveur des salariés licenciés[125] », en invitant ces derniers à investir dans le projet coopératif. La prime aux salariés sera fixée autour de 60 000 euros. Parallèlement, il appelait les collectivités locales du Nord-Pas-de-Calais à investir 12 millions d'euros dans la SCOP.

Un beau cadeau pour le secteur privé

Quelques jours plus tard, le 9 janvier 2012, conformément aux attentes de Nicolas Sarkozy, le tribunal de commerce de Paris prononçait la liquidation judiciaire de SeaFrance. Les anciens salariés qui avaient investi des euros dans la coopérative ouvrière, conformément aux souhaits du président de la République et de leurs syndicats, ont dû attendre que le tribunal de commerce partage les actifs de la compagnie, essentiellement composés de la revente de ses ferries — une flotte estimée entre 150 et 200 millions d'euros —, la société Eurotunnel proposant de les acquérir pour 65 millions d'euros…

On peut s'interroger dans cette affaire sur les véritables intentions des différents acteurs. Alors que Nicolas Sarkozy défendait le projet de coopérative ouvrière — ce qui ne

124. La réglementation européenne interdit en effet les aides de l'État pour redresser une entreprise en faillite.
125. Lettre de Nicolas Sarkozy aux salariés de SeaFrance, 2 janvier 2012.

manquait pas de sel, venant de l'homme qui a accéléré les privatisations et les intégrations des entreprises au sein des multinationales —, François Chérèque lançait un appel aux salariés de SeaFrance pour les inviter à rejoindre la section CFDT de la société de Philippe Louis-Dreyfus et à s'intégrer au groupe privé, celui-ci proposant d'acquérir les actifs de la compagnie et une partie de son personnel. « Il y a une autre CFDT qui est honnête », a déclaré François Chérèque aux salariés de SeaFrance en ajoutant : « Faites nous confiance ! »

Les ouvriers de SeaFrance refusaient cette perspective, appuyés par les sections syndicales, tout en discernant dans l'attitude de Nicolas Sarkozy un jeu électoraliste dans le cadre de sa campagne présidentielle, sur fond de calcul jouant lui aussi le pourrissement. Leur refus a été largement décrié par une partie de l'opinion, non sans le concours de ceux qui ont amalgamé cette exigence et les pratiques scandaleuses des leaders cédétistes de SeaFrance.

Il apparaît que la direction de la SNCF et celle de SeaFrance ont activement participé à cette gestion incohérente et laissé le syndicat faire n'importe quoi. En restant en retrait au lieu de redresser la situation de SeaFrance, la SNCF programmait littéralement cette issue fatale et transformait le destin de la compagnie en chronique annoncée d'un cadeau au secteur privé. Rappelons qu'entre 1990 et 2007 SeaFrance a rapporté 1 million d'euros par an à la SNCF et que cette dernière n'a pas levé le petit doigt pour la compagnie transmanche alors que ce pactole aurait pu permettre de la remettre d'aplomb ; sans même parler des Jeux olympiques de Londres qui allaient booster le trafic des voyageurs avec l'Europe en 2012.

L'abandon de SeaFrance représente un formidable cadeau fait aux compagnies privées concurrentes, surtout si l'on songe à l'arrivée de Deutsche Bahn sur ce secteur et à la libéralisation de la ligne Amsterdam-Bruxelles-Paris-Londres, sans parler de la société britannique P&O Ferries qui se voyait bien en prestataire unique du segment Calais-Douvres. Des syndicalistes combatifs de la CGT nous signalent qu'au-delà de l'armateur danois DFDS, éventuellement associé à Louis-Dreyfus Armateur (LDA) pour récupérer le marché, « Britanny Ferries aussi se frotte les mains ». Ils nous rappellent que cette compagnie est liée à la FNSEA, fort proche de l'UMP.

Toutes les manœuvres autour de SeaFrance qui l'ont conduite au naufrage, aussi sournoises furent-elle, ne sont pas si difficiles à décrypter pour ceux qui ont l'habitude d'analyser les procédés qui permettent d'instrumentaliser le monde syndical. C'est d'ailleurs sous cet angle que l'on comprend le sens exact d'une déclaration d'Arnaud Montebourg, qui a fait couler tant d'encre dans la plus grande confusion…

De l'affaire Elf à celle de SeaFrance

En septembre 2011, huit mois avant d'être nommé ministre du Redressement productif, le député socialiste Arnaud Montebourg de passage dans les locaux du syndicat maritime déclarait à propos de SeaFrance : « On parle souvent de patrons voyous, là il s'agit d'une entreprise publique, c'est curieux… On ne fera pas de miracle, mais on peut dire à la SNCF que, s'ils sont des incapables et qu'ils ont mis des escrocs à la tête de SeaFrance, ils vont l'aider à se relever. » Après sa condamnation à un euro symbolique pour injure publique, le 23 mai 2012, pour avoir employé le mot « escroc » (la cour a estimé que les mots « incapables » et « voyous » n'étaient pas constitutifs d'injure), il a dit regretter un certain excès de langage, tout en faisant appel. De fait, c'est le fond du raisonnement qui méritait de faire écho et de nourrir un vrai débat et non le terme « escroc », lequel a focalisé toute l'attention et motivé la condamnation. C'est avec raison que le ministre a rappelé, au lendemain du 23 mai : « Je veux quand même observer que la personne qui s'est plainte en justice de mes propos a un casier judiciaire assez lourd. Il a été le patron de SeaFrance, il avait été condamné dans l'affaire Elf à la condamnation — excusez du peu — de neuf mois de prison avec sursis et 40 000 euros d'amende. Et par ailleurs, cette entreprise SeaFrance, il l'a laissée mourir, avec huit cents emplois sur le carreau, laissant à la concurrence les parts de marché que nous aurions dû conserver. » Rappelons que le ministre député, militant anticorruption de la première heure au Parlement et proche d'Anticor, est l'une des personnalités politiques les plus mobilisées en matière de lutte contre les dérives financières et les pratiques douteuses des grands groupes[126], même si son succès politique le conduit à élargir sa palette largement au-delà de ce combat.

Qui est Pierre Fa, l'homme que désignait Arnaud Montebourg sans le nommer ? L'ex-patron de feu SeaFrance, proche de Nicolas Sarkozy, est l'ancien directeur de l'audit interne d'Elf. Tout un programme. Le procès Elf a donné lieu à des aveux consignés qui permettent d'affirmer que Pierre Fa était informé par Alfred Sirven, son ami et collaborateur, de l'existence de comptes d'Elf en Suisse — comptes destinés à amadouer des personnalités influentes, notamment des responsables africains —, et qu'il a assisté au détournement de 305 millions d'euros de fonds publics. Comme l'a souligné devant la cour Vincent Tolédano, le défenseur d'Arnaud Montebourg : « Pierre Fa est un familier des caisses noires et il n'a jamais rien fait. » Pierre Fa, rappelons-le, a été condamné pour avoir participé à la dissimulation des malversations de la direction d'Elf.

126. On lui doit notamment des rapports parlementaires sur la fraude et l'évasion fiscale.

La gestion de SeaFrance n'a hélas pas donné lieu à une réflexion nationale approfondie sur la manière dont elle a été menée. Certes le syndicat a commis toutes sortes d'abus sidérants, mais on les a manifestement laissés se faire et ils ont finalement servi à polariser les médias contre lui comme s'il était l'unique responsable. Par une généralisation dont l'opinion a le secret (tout comme une partie de ceux qui la font), c'est aussi le syndicalisme qui a été souvent stigmatisé dans de nombreux journaux et dans les forums ouverts par la presse, comme si le syndicalisme en soi était voué à ces dérives. Or, comme nous ne cessons de le montrer tout au long de notre enquête, les premières victimes des malversations entre corrupteurs et corrompus sont les syndicalistes sincères et actifs, sans oublier le syndicalisme lui-même et, par voie de conséquence, les intérêts des salariés.

Au printemps 2012, peu après avoir été nommé ministre délégué aux Transports et à l'Économie maritime, Frédéric Cuvillier exprimait lui-même son sentiment en termes diplomatiques mais éloquents : « On l'a un peu oublié mais la SNCF et donc l'État ont une responsabilité dans cette affaire. » Il s'étonnait qu'une « entreprise publique qui représente le pavillon français ait été délaissée […], que les ministres qui devaient être pleinement investis dans ce dossier aient joué le pourrissement ». Et il concluait : « Il y aura des questions à poser. »

L'homme qui faillit tout révéler dès 1997

Un autre aspect risque aussi de refaire surface. Le 15 février 1997, Christian Salomé, commissaire de bord du ferry *Monet* de SeaFrance, était porté disparu. Son corps allait être retrouvé un mois et demi plus tard sous l'épave d'un bateau, près du port de Calais. L'homme venait de dénoncer à la police et à un supérieur hiérarchique l'existence d'un trafic à bord : quelques jours avant de disparaître, il s'était rendu un soir au commissariat de Dunkerque pour livrer ses premières informations. Le policier qui l'avait reçu se souvient que Christian Salomé était visiblement sous le choc de sa découverte : « Il avait peur, il était très pâle, tremblant... Il m'a dit qu'il craignait pour sa vie après s'être aperçu d'un important trafic sur son bateau. » L'intendant n'avait pas voulu apporter de précisions, déclarant qu'il devait encore attendre avant d'en dire plus. Le gardien de la paix avait soigneusement noté ses déclarations, dans une main courante, qui a disparu aujourd'hui... Ce policier déclare que les enquêteurs sur la disparition et la mort de Christian Salomé ne l'ont jamais interrogé.

Selon Christian Malvaes, le supérieur hiérarchique de Christian Salomé, il avait découvert un trafic de drogue, entre autres, et recevait des menaces de mort par téléphone, des menaces anonymes bien sûr. Le supérieur dit avoir relaté ses propos dans son « cahier de suite », que la SRPJ de Lille a photocopié pour le mettre dans son dossier. De même, Roger Gouvart, le maire de sa commune Cappelle-la-Grande, reconnaît que l'intendant s'était confié à lui en disant : « Ce trafic ne peut pas continuer... »

Les enquêteurs opteront finalement pour la thèse du suicide et, en août 1998, le dossier a été classé, bien que Christian Salomé avait aussi pris contact avec les douanes pour les informer de ses découvertes. Il a pu évoquer celles-ci à un inspecteur des douanes et a répété qu'il craignait pour sa vie.

Didier Dufau, ami de Christian Salomé, rappelle que ce dernier avait fait renforcer la surveillance à bord de la flotte de SeaFrance, après avoir constaté que des stocks de marchandises disparaissaient. Selon lui, il relevait après chaque traversée l'état des stocks et avait parfaitement identifié les auteurs des vols et la nature de ceux-ci.

En 2012, alors que l'existence des trafics devenait officielle, les enfants de Christian Salomé ont décidé de relancer l'affaire, convaincus que leur père avait été assassiné parce qu'il en savait trop. Leur avocate, Me Blandine Lejeune, estime que la justice a trop rapidement traité cette affaire : « Il n'y a pas eu la moindre investigation pour constater si les trafics étaient réels. » La famille rappelle que le rapport d'autopsie a permis de déceler des traces de coups sur le corps. Elle a lancé un appel à témoin. La disparition de SeaFrance pourrait en effet libérer des langues. Comme le souligne l'un des fils de Christian Salomé : « Beaucoup de gens ont beaucoup à dire en ce moment. »

XI

SANTÉ AU TRAVAIL : LE LOURD SOMMEIL DES SYNDICATS

Les syndicats devraient avoir à cœur de défendre par-dessus tout la protection des salariés contre les maladies professionnelles et les accidents du travail, notamment dans les secteurs industriels les plus exposés. Pourtant, comme nous allons le voir, leur laxisme dans ce domaine se révèle écrasant. Pour ne prendre que le problème des risques chimiques, malgré les ravages de l'amiante et de plusieurs autres substances très toxiques à l'origine de nombreux décès et de pathologies lourdes, les organisations font toujours preuve d'une mollesse insondable. Pour le dire sans détour, elles laissent toujours les employeurs jouer avec la vie de leur personnel comme s'il ne s'agissait que d'éléments comptables. Plus étonnant encore, les victimes qui réagissent pour se défendre, notamment en se fédérant et en agissant en justice, rencontrent des résistances énormes de la part des syndicats. Au grand dam des syndicalistes les plus conscients qui, au contact des salariés touchés, se battent pour les soutenir.

Chacun sait aujourd'hui — ou devrait savoir — que les expositions aux risques chimiques et physiques dans les entreprises et le durcissement des conditions de travail constituent une part essentielle des facteurs délétères qui pèsent sur la santé publique. Les pathologies lourdes dont nous souffrons et dont nous mourrons sont en effet souvent liées à nos activités professionnelles, en particulier les maladies chroniques (cancers[127], pathologies neurologiques et neurodégénératives[128], affections respiratoires, dépressions, troubles musculo-squelettiques...), de même qu'une partie des handicaps dus aux accidents du travail, lesquels restent toujours très nombreux en France[129]. Nous en payons aussi le prix sur le plan économique : le poids socio-économique de ces affections est considérable, au point de mettre en péril notre système de protection sociale, à commencer par l'avenir de l'assurance maladie. La prévention des risques en milieu professionnel et la reconnaissance de

127. Les autorités ministérielles reconnaissent aujourd'hui que plus d'un tiers des salariés sont exposés à des cancérogènes au travail et que les cancers d'origine professionnelle pourraient représenter jusqu'à 8 % de l'ensemble.

128. Les études officielles sur l'impact des produits neurotoxiques inhalés dans le cadre des activités professionnelles établissent désormais leur rôle dans l'apparition de cas de Parkinson et d'Alzheimer, outre les affections neurologiques périphériques. À ce sujet : Marie Grosman et Roger Lenglet, *Menace sur nos neurones*, éditions Actes Sud, 2011.

129. Pour la seule année 2011, le nombre d'accidents du travail ayant entraîné un handicap définitif (dit « incapacité permanente ») s'est élevé officiellement à 40 986 cas et 552 décès. La même année, le nombre de maladies professionnelles à l'origine d'une incapacité permanente a été de 27 132 cas et 570 décès. Sans compter les handicaps définitifs et les décès liés aux accidents de trajet. Source : chiffres AT-MP 2011 de l'assurance maladie.

leur impact devraient donc représenter un objectif inaliénable pour tous les syndicats.

L'affaire de l'amiante aurait dû pourtant leur servir d'alerte, tant ils ont failli dans leur mission, aussi bien au sein des CHSCT qu'à la direction de la Sécurité sociale ou auprès des ministères et du législateur. Ce dossier phare a permis de lever en partie le voile sur l'inertie des syndicats de salariés et sur le lobbying mortifère des syndicats d'employeurs qui ont, de fait, rendu possible durant des décennies le sacrifice supplémentaire de centaines de milliers de personnes[130]. Hormis de rares personnalités qui sont restées trop peu écoutées au niveau des fédérations et des confédérations, tel le cégétiste Jean Hodebourg[131] et le cédétiste Jean-Claude Zerbib, la majorité des syndicalistes chargés de défendre la santé des travailleurs sur ce dossier étaient encore, au cours des années 1980 et 1990, d'une discrétion à toute épreuve, épousant les arguments rassurants des lobbyistes industriels. Il faut le rappeler : les organisations syndicales ont même activement participé au lobby que les industriels de l'amiante ont mis en place en 1982 — le Comité permanent amiante (CPA) — pour camoufler les véritables méfaits de ces fibres et éviter aux employeurs le coût d'une reconnaissance des victimes.

Comme l'a souvent souligné le toxicologue Henri Pèzerat, qui s'est longtemps escrimé à vouloir réveiller les syndicats ouvriers et les ministères, la mansuétude des syndicalistes[132] membres du CPA pour les industriels s'explique par leur vulné-

130. À ce sujet, Roger Lenglet, *L'Affaire de l'amiante*, éditions La Découverte, 1996. Et François Malye, *Amiante : 100 000 morts à venir*, éditions du Cherche Midi, 2004.

131. Jean Hodebourg a fait partie d'Alert (Association pour l'étude des risques du travail).

132. CFDT, CGT, CFTC...

rabilité aux mondanités auxquelles ils ont été régulièrement conviés, leur distance critique s'étant révélée soluble au contact des lobbyistes. La corruptibilité commence en effet souvent par le simple espoir de profiter personnellement, peu ou prou, du statut que confèrent une responsabilité et des relations sociales « privilégiées ». Au reste, il n'est pas exclu, comme nous en a lancé le défi l'un des membres du CPA, de découvrir un jour prochain des circuits financiers au profit de ces derniers, alimentés par les industriels et certains syndicats patronaux qui avaient à cœur de calmer les esprits sur ce dossier.

Un revenant qui a gardé de solides appuis

En 2012, cette affaire allait connaître un rebond inattendu. Dominique Moyen, directeur général de l'Institut national de recherche et de sécurité (INRS) de 1976 à 1996, créateur du CPA avec le cabinet de lobbying Communications économiques et sociales[133], puis muté lors de la déflagration du scandale de l'amiante au milieu des années 1990, revenait vers l'INRS pour demander au conseil d'administration d'avoir la générosité de... prendre en charge ses dépenses d'avocat pour affronter sa mise en examen dans le cadre du procès pénal de l'amiante ! Soit entre 100 000 et 200 000 euros par an. Rien de moins !

La démarche de Dominique Moyen ne manquait pas d'aplomb : tout d'abord parce que sa mise en examen[134] par la juge chargée du dossier, Marie-Odile Bertella-Geffroy, s'ap-

133. Dirigé par Marcel Valtat, puis par Sophie Valtat et Jean-Pierre Hulot, habitués à héberger ce type de structure informelle pour diverses industries polluantes (chlore, cadmium, plomb...).

134. Pour « homicides, blessures involontaires et abstentions délictueuses ».

puyait sur le fait qu'il avait pris un rôle très actif dans cette structure de lobbying qui a retardé l'interdiction de l'amiante de 1982 à 1996 en minimisant sa toxicité et en affirmant qu'il était possible d'en contrôler les risques — une stratégie à l'origine d'un nombre considérable de décès qui auraient dus être évités, car on savait déjà en 1982 que l'amiante était un cancérogène puissant même à faible dose[135]. Comment imaginer que les syndicats composant le conseil d'administration de l'INRS — les confédérations syndicales de salariés (CFDT, CGT, FO, CFTC, CGC) et les organisations patronales (Medef, CGPME et UPA) —, désormais conscients du rôle redoutable joué par le CPA, puissent accéder à une pareille demande ? C'est pourtant ce qui s'est passé en grande partie à la réunion du conseil d'administration du 6 décembre 2012... Aussi invraisemblable que cela paraisse, la CFDT et la CGC se sont jointes au Medef et à l'UPA pour accorder la prise en charge. Seuls le représentant de Force ouvrière et, dans un premier temps, celui de la CGT se sont opposés à cet accord[136].

D'autres raisons auraient dû prévaloir pour rejeter la demande de Dominique Moyen : tout d'abord le risque d'être poursuivi un jour devant la justice pour ce soutien financier dont la légalité pourrait se voir contestée, par exemple au titre d'un abus de bien social au profit d'un tiers, car la mise en examen concernait l'homme dans sa démarche personnelle et non une mission mandatée par l'INRS. En effet, les comptes rendus de séances

135. Comme l'a confessé Philippe Huré (responsable du département risques chimiques et biologiques à l'INRS) devant la commission d'information sénatoriale sur l'amiante. Rapport 2005-2006, *Le Drame de l'amiante en France : comprendre, mieux réparer, en tirer des leçons pour l'avenir*, Sénat.

136. Le représentant de la CGPME était absent et la CFTC s'est abstenue.

du conseil d'administration révèlent que ce mandat ne lui a jamais été confié. Le procès-verbal de certaines séances attestent même explicitement que son rôle dans le CPA était une initiative individuelle et aucunement un mandat confié par l'INRS[137], cette précision ayant été apportée, par exemple, à la suite d'une alerte du représentant de la CGT/FO, Paul Malnoé, qui s'indignait de voir le directeur général de l'INRS, Dominique Moyen, proposer de cofinancer un colloque international organisé par le CPA (rappelons-le, structure confiée à un cabinet de lobbying travaillant pour les producteurs d'amiante !)[138]. Paul Malnoé s'est insurgé aussi contre le fait que l'INRS puisse siéger dans cette structure, en rappelant notamment : « Chacun doit rester à sa place, il ne faut pas confondre les rôles. » Il dénonçait clairement que le but du CPA était de « réhabiliter l'emploi de l'amiante, comme le prouve le bulletin de l'Institut de l'amiante ». Et d'enfoncer le clou avec une grande lucidité : « D'ailleurs pourquoi un comité permanent de l'amiante ? Demain on nous demandera peut-être de participer à un comité permanent du chlore de vinyle, du benzène, ou tout autre produit cancérigène[139]. [...] Quand on a mis le doigt dans l'engrenage, on risque d'y passer tout entier. »

La danse des asticots

Cette prise de position conduira M. Claire, alors président, à clarifier complètement les choses : « L'INRS n'a pas à se retirer du CPA puisqu'il n'en fait pas partie. C'est à la demande

137. Compte rendu de séance du conseil d'administration du 22 mai 1986.
138. Séances tenues en 1986.
139. Les industriels ont justement créé de tels comités animés par leur lobby pour généraliser le principe du CPA aux autres produits toxiques.

de la CNAM que M. Moyen siège à titre personnel. » Lors d'une réunion du bureau tenue en février 2013, le vice-président (Medef) du conseil d'administration rappelait lui-même le caractère strictement personnel de cette implication et le fait que sa mise examen visait Dominique Moyen en tant que membre du CPA. Ce qui, au demeurant, n'a pas empêché la CFDT de se prononcer en faveur du soutien financier, ainsi que d'autres membres syndicaux du conseil d'administration, dont le trésorier adjoint (CGPME) et les représentants du Medef. En fait, seul Ronald Schouller, représentant FO, allait s'y opposer. Le fait que le service juridique de l'INRS et un avocat extérieur aient cru pouvoir écarter tout risque de poursuite pénale de l'INRS et de ses dirigeants en cas de prise en charge[140] les a sans doute aidés en dernier ressort, mais ce n'est pas ce qui a commandé leur choix.

« Il était pathétique de les voir se tortiller dans tous les sens, on aurait dit une assiette d'asticots », nous dira un témoin. L'attitude de José Lubrano, un des représentants de la CGT participant à une première délibération, le 9 février 2012, illustre ce jeu de contorsions. « Je confirme que le sujet est délicat. J'ai reçu le mandat de la confédération de la CGT de ne pas participer à un vote, s'il y en avait un. Toutes les délégations participaient au CPA et il faut être prudent. » De fait, l'unique voix qui rejettera le soutien financier de Dominique Moyen sera celle de FO, précisément celle du syndicat qui avait fait exception en refusant de participer au CPA…

Au demeurant, on peut se demander quel dieu les syndicalistes voulaient réellement suivre par cet appui quasi unanime. Le raisonnement selon lequel un désaveu risquait de contredire leur participation au CPA jusqu'en 1996 est

140. Comme le montrent deux notes que nous avons pu nous procurer.

d'une absurdité à peine croyable, puisque ce dernier est apparu définitivement aux yeux de l'opinion et de la juge elle-même comme le piège dans lequel sont tombés les syndicats. C'est précisément en s'en détachant complètement, après avoir reconnu leur erreur, que les syndicalistes retrouveront leur crédibilité. Un tel vote en faveur de l'homme qui a créé le CPA avec les lobbyistes industriels ne peut avoir pour effet, justement, que de rappeler à quel point les syndicats se sont fourvoyés. De plus, ils auraient été plus cohérents sur le plan purement syndical s'ils avaient suivi leurs militants qui manifestaient clairement leur opposition.

Des syndicalistes de la CFDT, de la CGT et de SUD, membres du comité d'établissement d'une unité de l'INRS en Lorraine, révulsés à l'idée que le conseil d'administration lui accorde cette aide financière, l'avaient d'ailleurs explicitement fait savoir la veille de la réunion décisive du conseil d'administration dans une lettre adressée aux intéressés : « Assister aujourd'hui M. Moyen dans sa défense affecterait sans nul doute l'image de l'Institut et serait en contradiction avec son éthique et ses valeurs. Le financement de la défense de M. Moyen ne serait-il pas perçu comme une caution à son rôle au sein du CPA ? » On ne saurait mieux dire. Les syndicalistes rappelaient d'ailleurs le tollé qu'avait suscité autrefois la participation de Dominique Moyen au CPA : « Il y a eu à l'époque des divergences de point de vue entre le directeur général et les équipes de recherche de l'INRS[141]. » Et de réveiller le souvenir amer de la bataille qui s'était alors engagée : « Ces dernières ont d'ailleurs eu à subir un certain nombre

141. J. Grosjean (CFDT), F. Brand (CFDT), M. Mouze-Amady (CGT), MF. Lefort (CGT), JM. Fontana (SUD), lettre ouverte intitulée « Vœu du comité d'établissement de l'INRS Lorraine à l'attention du conseil d'administration ».

de pressions et les organisations syndicales à l'époque ont dû défendre ces salariés contre la censure. »

Il est effarant que les membres du conseil d'administration aient pu faire ce choix, en prenant en outre le risque de créer un scandale parmi leurs troupes.

Les victimes de l'amiante lâchées par les syndicats

Le public ignore les luttes qui se déroulent entre les appareils syndicaux et des syndicalistes de terrain attachés à défendre fermement les droits des ouvriers touchés par des maladies professionnelles. Ce conflit a pris un relief éclairant quand, en 2011, le Fonds d'indemnisation des victimes de l'amiante (FIVA) — présidé par un magistrat et sous la haute main de représentants des syndicats de salariés et d'employeurs —, malgré la présence de membres d'associations de victimes, s'est mis en tête de réviser l'indemnisation et d'exiger que les victimes remboursent une partie importante de leurs indemnités. Des sommes allant de 600 euros à 28 000 euros, que la plupart des personnes étaient dans l'impossibilité de rembourser. Il est bon de rappeler à ce propos le barème de leur « rente » : quand le taux d'incapacité pour un cancer est de 100 %, la rente est de 100 % (de l'ordre de 1 300 euros mensuels), mais pour un taux de 5 % (fixé dans des conditions d'une sévérité par ailleurs discutable) elle est seulement de 2,5 %. Si à un taux de 100 % la rente annuelle est de 16 000 euros (pour les cancers broncho-pulmonaires inopérables et les mésothéliomes, dont le diagnostic est toujours fatal), à 5 % elle n'est que de 400 euros par an.

Le FIVA se faisait appuyer dans cette démarche par la cour d'appel de Douai (Nord) qui, le 13 octobre 2011, prononçait d'abord cette décision à l'encontre de dix-sept victimes, avec des arguments technocratiques évoquant un calcul révisé. Le 1er mars 2012, la même cour récidivait à la demande du FIVA en exigeant le remboursement d'une partie des indemnités versées aux victimes au titre de leur maladie. Les montants allaient cette fois de 5 000 à 11 000 euros. Bientôt, cinquante-sept victimes devaient s'y plier et des centaines d'autres allaient suivre. L'Association nationale des victimes de l'amiante (Andeva) prenait à partie l'opinion publique pour dénoncer la situation. Pierre Pluta, président de l'Andeva et de l'Association régionale de défense des victimes de l'amiante du Nord-Pas-de-Calais (Ardeva) et François Desriaux, vice-président de l'Andeva, demandaient de leur côté qu'on arrête cette « mécanique infernale » et qu'on cesse au plus vite de considérer les victimes de l'amiante comme des demi-malades. Pierre Pluta, lui-même contaminé par les maudites fibres, était sommé de rembourser 28 000 euros. Cerise sur le chapeau, la directrice du FIVA lui a adressé un courrier le menaçant d'un recouvrement par huissier de justice à ses frais s'il tardait à obtempérer, remuant le couteau dans la plaie alors qu'un règlement politique du problème était déjà acquis.

Les médias, tout comme la Fédération nationale des accidentés du travail et des handicapés (FNATH), se sont justement indignés du traitement réservé aux malades de l'amiante, déjà dépossédés de leur santé et bientôt de la perspective de pouvoir traîner au pénal les responsables de l'hécatombe. Hélas, personne ne songeait à évoquer le rôle peu glorieux des syndicats dans cette histoire édifiante…

Ces derniers, contrairement à toute attente, ont soutenu activement la position du Medef et le principe du remboursement, en brandissant l'argument d'une réparation ruineuse. En coulisse, la direction centrale de la Sécurité sociale (cogérée par les syndicats d'employeurs et de salariés, rappelons-le) semble avoir tiré quelques ficelles. « Les syndicats qui gèrent la

Sécurité sociale et qui sont à la tête du FIVA ont l'habitude de régler ensemble les dossiers, et ils n'aiment pas qu'on vienne s'immiscer dans les affaires de santé publique et d'indemnités », explique un observateur qui les connaît bien.

Les syndicats vont même jusqu'à refuser la légitimité des associations à défendre les droits des salariés en matière de santé. Loin de tirer la leçon de leur faillite dans ce domaine, dont l'affaire de l'amiante et leur participation au CPA sont pourtant des illustrations pathétiques, ils se raidissent et préfèrent épouser les positions de leurs partenaires patronaux. « Le syndicat FO pousse même le principe jusqu'à refuser le moindre dialogue avec l'Andeva, quel que soit le sujet », explique Michel Parigot, vice-président de l'Andeva, qui s'insurge contre cet ostracisme[142].

Beaucoup voient dans l'attitude des organisations syndicales l'expression d'une volonté cynique : « Ils veulent protéger leur boutique face aux mouvements associatifs, de plus en plus nombreux, nous confie un syndicaliste. De plus, l'existence même d'une association comme l'Andeva trahit leur faiblesse. Elle est née pour accomplir le travail de soutien qu'ils ne faisaient pas et ne font toujours pas. » On peut ajouter aussi que, sans le mouvement des associations de défense des malades de l'amiante à travers la France, la toxicité du minéral serait toujours gravement sous-estimée et la prévention aussi ridicule qu'elle était par le passé. Les perspectives d'hécatombe continueraient de s'aggraver, au-delà de la catastrophe épidémiologique déjà programmée. En un mot, sans les militants associatifs, la reconnaissance des cas et leur indemnisation serait toujours un non-sujet.

Il en va de même sur le plan judiciaire. Les cinq syndicats qui siègent au FIVA n'aiment pas les procès. L'idée d'attaquer

142. Entretien avec les auteurs, juin 2013.

un P-DG en justice leur est tout à fait étrangère. On ne traîne pas les « partenaires sociaux » devant les tribunaux, sauf bien sûr si le syndicat lui-même est menacé. Or la culture des associations dans le domaine de la santé s'est essentiellement formée autour du dépôt de plaintes et des autres procédures. La justice est pour elles un vrai levier citoyen où l'équité et la morale peuvent se faire entendre et concrétiser le travail du législateur. Les victimes de l'amiante ont connu d'immenses succès sur ce terrain, et c'est là d'ailleurs que la légitimité de leur combat a été consacrée, même si pour l'heure, en France, le grand procès au pénal qui amènera les responsables à la barre s'éloigne à grands pas, contrairement à l'Italie où des industriels ont été condamnés à de lourdes peines de prison et dommages et intérêts[143].

Pour toutes ces raisons, auxquelles s'ajoutent les liens financiers qui unissent les syndicats et les employeurs qui gèrent ensemble l'assurance maladie, le rêve des partenaires sociaux est tout simplement d'en finir avec le FIVA lui-même et de ramener le dossier au sein du fonds AT/MP (accidents du travail et maladies professionnelles) de la Sécurité sociale, où ils pourront négocier entre eux à l'abri des regards, comme ils ont l'habitude de le faire.

Finalement, les militants de l'Andeva ont appelé à une mobilisation des élus. Ils ont obtenu que trois cents députés et séna-

143. Le 13 février 2012, le milliardaire Stephan Schmidheiny et le baron Jean-Louis Marie Ghislain de Cartier de Marchienne, dirigeants de la multinationale de l'amiante Eternit, on été condamnés en première instance à seize ans de prison et 250 millions d'euros de dommages et intérêts aux parties civiles. En appel, le 3 juin 2013, Stephan Schmidheiny a vu sa peine s'alourdir à dix-huit ans de prison (entre-temps, le baron Marchienne s'est éteint dans son lit à 91 ans). La plupart des victimes à l'origine de la plainte sont mortes de fibrose pulmonaire ou de mésothéliome avant que soit rendue la sentence.

teurs lancent une motion pour annuler le remboursement. Plaçant de nombreuses personnalités politiques et les candidats à l'élection présidentielle de 2012 devant leurs responsabilités, ils leur ont demandé de signer un engagement. Ce que François Hollande et Jean-Marc Ayrault ont fait, comme François Bayrou et Jean-Luc Mélenchon. En fait, un seul a refusé : Nicolas Sarkozy.

Le gouvernement socialiste tiendra cette promesse. La ministre des Affaires sociales, Marisol Touraine, accordera une « remise gracieuse » pour les cinquante-sept victimes condamnées à rembourser une partie de leur indemnisation. En prenant soin de ne pas trop froisser les dirigeants du FIVA : « Ces personnes, je le dis, n'auront pas à rembourser les sommes qui leur sont demandées. C'est un souci de justice et c'est dans ce sens-là que nous avons construit cette position avec le Fonds d'indemnisation des victimes». Le FIVA, placé sous son autorité, rengainera donc ses prétentions.

Les syndicalistes qui y siègent poursuivront tranquillement leur carrière, croisant et recroisant continuellement les représentants patronaux au conseil d'administration du FIVA ainsi que dans d'autres instances paritaires. « En réalité, si l'on y regarde bien, leurs positions sont généralement plus conformes à celles du Medef qu'à celles des associations », murmure un membre. En outre, la division syndicale qu'on reproche souvent aux organisations de salariés n'y a pas vraiment cours. Ainsi, Jean-François Naton, conseiller confédéral de la CGT (responsable du secteur travail-santé) et représentant le syndicat au FIVA, a été élu à la présidence du conseil d'administration de l'INRS, avec l'appui de la CFDT dont les positions dans cet Institut sont toujours très proches du Medef. Ce poste, il le souhaitait ardemment depuis des années, si l'on en croit des syndiqués qui aimeraient qu'il montre un peu plus de caractère face aux représentants du patronat. Dans la hiérarchie, il surplombe désormais Marc Veyron (Medef), le vice-président. Il faut espérer que la nouvelle responsabilité de Jean-François Naton ne va pas le transformer en clone des précédents présidents. Par ailleurs, il est conseiller et vice-président de la caisse accidents du travail et maladies professionnelles de l'assurance maladie, la branche très discrète de la Sécurité sociale qui est abondée par les employeurs en fonction de la quantité d'atteintes reconnues à la santé en entreprise — la seule branche chroniquement excédentaire de la Sécu. Des militants qui le voient côtoyer partout les permanents du Medef craignent que les raisonnements et les valeurs de ces derniers déteignent sur lui. Ils sont décidés à suivre attentivement ses prises de position et, s'il le faut, à en informer la presse.

XII

L'ENQUÊTE PARLEMENTAIRE QUE TOUS VOULAIENT ENTERRER

Il est surprenant que l'opacité des financements syndicaux, compte tenu des informations graves à ce sujet et des enjeux pour la démocratie, n'aient pas suscité une enquête parlementaire avant 2011. En apprenant cette année-là que le député du Loir-et-Cher, Nicolas Perruchot (Nouveau Centre), se préparait à demander l'ouverture d'une enquête officielle sur « les mécanismes de financement des organisations syndicales d'employeurs et de salariés », notre surprise le disputait à l'incrédulité. La République allait-elle réellement montrer qu'elle était capable de lever l'énorme tabou ou ne s'agissait-il que d'une témérité qui serait rapidement brisée par le gouvernement et les grandes formations politiques ? Sur quels appuis pouvaient donc compter ce député pour avancer la main vers cette boîte noire dont les partenaires sociaux ne pouvaient continuer à profiter qu'en la gardant fermée ? Il était difficile d'imaginer que l'Élysée et

Matignon accepteraient si facilement de se priver d'un secret qui leur permet tous les chantages, une bride pour tenir en main les syndicats malgré les réformes libérales. Sans compter le fait qu'étaler officiellement sur la place publique les pratiques de financement allait contraindre le politique à remettre de l'ordre dans le système, voire à en changer radicalement. Une situation des plus explosives, propre à réveiller les cadres syndicaux et à les rendre enragés…

Pourtant, c'était vrai, Nicolas Perruchot demandait l'ouverture d'une enquête nationale pour mettre les choses à plat et formuler des propositions. Sa demande fut effectivement déposée sur le bureau de l'Assemblée et acceptée dans son principe. Un véritable événement en soi, qui deviendra sans doute un jour un sujet pour les étudiants de Sciences-Po et dont les historiens du syndicalisme auront à retracer les arcanes…

Il aurait été plus profitable à la gauche que leurs propres élus soient à l'origine de cette volonté de clarification pour sortir les syndicats de l'ornière dans laquelle ils sont enlisés, au point d'être aujourd'hui massivement contrôlés par leurs financeurs. L'opacité de leurs ressources et de leurs dépenses, facilitée par la vieille loi Waldeck Rousseau qui visait au XIXe siècle à protéger l'anonymat des cotisants pour les soustraire aux intimidations des autorités ou des adversaires, a en effet dérivé vers une situation d'un tout autre ordre, aussi menaçante pour le syndicalisme que la répression la plus brutale, laquelle a au moins le mérite de faire apparaître clairement les rapports de forces et la nécessité historique des luttes.

La commission d'enquête nous interroge

Convoqués par la commission d'enquête, tout comme Laurence Parisot, François Chérèque, Bernard Thibault et beaucoup d'autres personnes au fait des dysfonctionnements financiers des syndicats[144], nous franchissons le seuil de l'Assemblée nationale, le 14 septembre 2011, pour nous présenter devant les députés qui vont nous questionner avec une grande attention. Christophe Mongermont, un responsable de FO avec lequel nous avons dénoncé de concert[145] des pratiques malsaines au sein de grandes entreprises impliquant des syndicalistes de la CFDT, de FO et de la CGT, a été convoqué avec nous.

Il faut savoir que les moyens d'une commission d'enquête parlementaire et la portée juridique de ses travaux sont importants. Elle dispose même d'un pouvoir comparable en partie à celui d'un juge en matière d'investigation et de contrainte. De même, les déclarations des personnes auditionnées les engagent sur le plan judiciaire avec toutes les conséquences possibles[146]. Avant de nous interroger, le président de séance nous rappelle solennellement la portée des faits que nous allons rapporter en nous faisant prononcer le serment de vérité (« Je jure de dire la vérité, toute la vérité, rien que la vérité. »).

Il précise aussi qu'il nous est strictement interdit de révéler la moindre information sur le contenu de l'entretien avec la commission avant les trente années de silence qu'impose la loi. Nous avons bien entendu : trois longues décennies à patienter pour en dévoiler le contenu ! Soit pas avant l'an 2041. Serons-nous encore intelligibles ? Nous doutons que nos paroles, d'ici là, puissent conserver leur sens, compte tenu de la rapidité avec

---

144. Liste des personnes auditionnées en annexe.

145. Dans *L'Argent noir des syndicats, op. cit.*

146. C'est la grande différence entre une commission d'enquête parlementaire, comme celle-ci, et une simple commission d'information parlementaire, qui n'a pas la dimension judiciaire permettant de retenir contre les personnes auditionnées d'éventuels oublis ou déformations dans leurs déclarations.

laquelle le syndicalisme se laisse croquer par les employeurs et redessiner par les think tanks libéraux[147] financés par les entreprises du CAC 40 et qui formatent le discours des partis et l'opinion publique. Si nous ne sommes pas déjà en train d'élever des asticots, nous irons alors vers nos 90 ans, l'âge de ne plus intéresser que nos petits-enfants ou quelque thésard. À condition que la maladie d'Alzheimer n'ait pas gommé nos ultimes souvenirs.

Le président de séance nous rappelle d'ailleurs que, si nous cédions à la tentation de transgresser cet interdit avant son terme, une lourde peine nous attend : un an de prison ferme et 15 000 euros d'amende. Le législateur, avec cette menace, a pris une solide garantie contre les fuites. Si le rapport omet les informations sensibles que nous leur apportons, nous n'aurons pas le droit de signaler les oublis au public.

Mais nous chassons ces mauvaises pensées par la douce perspective de voir l'Assemblée nationale ouvrir prochainement un grand débat national en crevant l'abcès des financements contre nature. Nous ne cachons pas notre joie à la commission. L'idée que toute la presse va bientôt découvrir l'envers du décor et devoir réfléchir aux réformes nécessaires nous bouleverse. Le syndicalisme va-t-il enfin respirer et retrouver sa vivacité ?

Nous allons aux faits sans détour. Que le lecteur nous pardonne de ne pas entrer dans les détails de cette audition car, si nous le faisions, nos ennemis ne se priveraient pas du plaisir de saisir la justice pour nous faire aisément condamner. Un an d'emprisonnement, ce serait un peu long. Au demeurant, nous n'avons pas attendu cette procédure parlementaire pour user d'une complète liberté d'expression dans nos publications

147. Dont l'Institut Montaigne, la Fondation pour l'innovation politique (Fondapol) et Terra Nova. À ce sujet : Roger Lenglet et Olivier Vilain, *Un pouvoir sous influence – Quand les think tanks confisquent la démocratie*, éditions Armand Colin, 2011.

et dire au public ce que nous savons. Disons, pour rester hors de portée d'éventuelles représailles judiciaires, que les questions et les réactions des membres de la commission montrent qu'ils ont déjà bien travaillé et largement dépassé le stade de l'ingénuité. Les proches qui attendent notre sortie guettent notre visage : ils notent notre enthousiasme. Notre sentiment est palpable et nous le vérifions auprès d'autres témoins auditionnés également, dont certains qui ont eu la sensation de passer sur le gril : nous sommes moins isolés qu'auparavant et nous avons même la claire impression qu'une grosse explosion se prépare…

Aux oubliettes, le rapport d'enquête !

Quelques jours plus tard, comme le veut la règle en la matière, nous recevons le texte de nos déclarations pour les confirmer et corriger d'éventuelles coquilles, avant qu'elles soient intégrées dans les annexes jointes au rapport. La publication de celui-ci est imminente…

La suite des événements sera effarante. Pour la première fois dans l'histoire de la Ve République, les parlementaires vont tout simplement enterrer le rapport. La nouvelle nous sidère un instant, mais ne nous étonne pas. Elle confirme au fond ce que nous avons toujours pensé : le financement des syndicats a atteint un degré de perversion tout bonnement inavouable.

Mais que s'est-il concrètement passé pour aboutir à la mise au placard de ce rapport ? Alors que tout semblait aller vers son adoption et sa publication, comme c'est toujours le cas lorsqu'une enquête parlementaire s'achève, les élus ont soudain reculé. Tout s'est préparé en coulisse, avec le gouvernement aux ficelles. Les députés socialistes ont voté contre la publication, alors que les deux députés du Nouveau Centre ont voté pour[148]. Ceux de l'UMP n'avaient qu'à s'abstenir pour que, faute de majorité, le rapport soit rejeté et enterré. Nicolas Perruchot avait appris la veille du vote que son groupe le lâchait, notamment pour avoir laissé dans le rapport une critique sévère et détaillée des dérives des organisations patronales (Medef, CGPME et UPA) et de leur participation au système, notamment au sein des organismes publics. Un seul député UMP s'est insurgé et a voté pour la publication : Arnaud Richard. Du côté des socialistes, le député PS Jean-Patrick Gille prend argument du fait que « sur les vingt-neuf propositions finales, une seule concernait les organisations patronales ». Il précise : « Nous n'avons pas rejeté le rapport mais proposé de le compléter. »

Dès lors, toutes les personnes dont les observations et le témoignage avaient été jugés assez pertinents pour trouver une place dans les pages du document parlementaire, ainsi que les membres de la commission, tous sans exception doivent se retenir d'en livrer la moindre information sous peine des sanctions évoquées plus haut. Par contre, bien que nous soyons obligés de nous taire en tant qu'auditionnés, aucune loi ne s'oppose à ce que nous continuions d'exprimer librement ce que nous savons de l'argent caché des syndicats, tant que nous nous abstenons de préciser si une partie de nos propos a été éventuellement évoquée lors de notre audition. Heureusement, car ce serait bafouer purement et simplement le droit d'expression, lui-même garanti par notre Constitution.

L'exercice sera en revanche plus difficile pour les membres de la commission d'enquête puisqu'ils ont participé à l'intégralité des auditions et du rapport.

---

148. Francis Vercamer et Nicolas Perruchot.

Le tabou et ses paradoxes

Le rapporteur Nicolas Perruchot met d'abord un moment à y croire. Son indignation est visible. Chacun se doute que les députés qui se sont opposés à la validation du rapport y ont expressément été invités par le gouvernement. Malgré les déclarations et les rodomontades que feront entendre les syndicats, tout le monde devine les craintes qui les agitent, ainsi que tous ceux qui, du PS à l'UMP, redoutent l'effet de souffle. On ne s'attaque pas si facilement à la montagne d'argent sur laquelle est assise une si grande partie du monde politique. On a donc préféré prendre le risque de provoquer un scandale national en optant pour cette censure. D'ailleurs, les médias réagiront aussitôt.

Le Figaro du 2 décembre 2011 exposera l'affaire à la une, en interrogeant l'un de nous et en expliquant qu'il existe bien un système, une stratégie globale et une alliance objective entre tous les acteurs[149]. Le quotidien ne censurera pas notre propos rappelant que la CFDT et la CGT se sont bien gardées d'entrer en lutte contre la réforme des régimes sociaux parce que le gouvernement et les employeurs pouvaient leur couper les vivres avec une loi intransigeante qui aurait fixé des limites aux subventions et redéfini les critères de représentativité des grands syndicats, ainsi qu'une transparence de la comptabilité de toutes leurs structures. La version finale de la loi, en 2008, laisse transpirer l'arrangement : elle reste d'une grande souplesse et permettra aux syndicats de s'adapter aisément sans perdre leurs circuits financiers, moyennant une certification des comptes des confédérations par un commissaire aux comptes[150]. Ce qui laisse le champ libre à leurs fédérations, aux structures régionales et locales.

149. Fabrice Amadeo et Laurence De Charette, « L'argent caché des syndicats », *Le Figaro*, 2 décembre 2011.
150. Loi du 20 août 2008.

Les jours suivants, la presse continue de se mobiliser. La Chaîne parlementaire — puis diverses autres chaînes de télé et des radios nationales — monte elle-même au créneau en invitant l'un de nous[151] avec Nicolas Perruchot,. Une tornade médiatique happe le rapporteur et ne le lâchera plus durant un mois.

En revanche, les leaders syndicaux déclinent systématiquement les invitations. Leur malaise, maladroitement dissimulé, laisse les journalistes enfoncer le clou. Bientôt, ils tentent de se ressaisir et multiplient les déclarations contradictoires, arguant qu'ils sont parfaitement prêts à accepter que le rapport soit publié. Bernard Thibault va même jusqu'à demander qu'il le soit, ce qui ne mange pas de pain puisque la rumeur court déjà que la presse se prépare à le publier.

Malgré nos mises au point répétées, le malentendu règne souvent sur le sens de notre démarche. Un malentendu activement entretenu auprès de nos amis politiques, certains prétendant que nous sommes « téléguidés par l'Élysée » (nous avions déjà entendu cette formule lors de la sortie d'un précédent livre). D'autres qualifient nos propos de « populistes » ou disent que nous faisons « le jeu du Front national » en dénonçant la corruption partout. Un argument plus circonstancié est aussi utilisé pour nous neutraliser gentiment : notre analyse serait inopportune compte tenu du calendrier électoral 2012 avec les élections présidentielles et les législatives. Nous pouvons entendre ce raisonnement qui nous enjoint de ne pas publier nos révélations n'importe quand, mais l'agenda électoral est si profus que, pour ne pas déplaire, nous devrions attendre une « fenêtre d'intervention » semblable à celle des députés ultra-minoritaires qui attendent interminablement le « bon moment » pour soulever une question, l'instant infinitésimal où ils ne gêneront personne.

151. Jean-Luc Touly.

On nous présente parfois comme des clones de Jacques Marseille ou de François de Closets, qui ont accablé le syndicalisme de tous les maux de la terre. Il nous faut expliquer et réexpliquer que nous faisons l'inverse en analysant les pratiques corruptrices qui paralysent aujourd'hui le syndicalisme, et qu'abandonner à la droite la critique des dévoiements syndicaux et politiques ne fera qu'aggraver le contrôle des grands employeurs sur les organisations de salariés. Nous devons même passer une partie de notre temps à rappeler que les financements occultes continuent d'alimenter non seulement les gros syndicats mais aussi les quatre grands partis politiques, comme c'était déjà le cas dans les années 1990 avec les grandes entreprises comme la Générale des eaux, la Lyonnaise des eaux, les sociétés immobilières...

Contorsions et menaces

En ce même mois de décembre, Paul Amar annonce sur France 5, dans son émission *Revu et corrigé*, un face-à-face en direct opposant « Michel Doneddu, trésorier national de la CGT, et Jean-Luc Touly, juge prud'homal et coauteur avec Roger Lenglet de *L'Argent noir des syndicats* ». Sur le plateau, le trésorier ne nous accuse plus de mensonge (nous l'avons fait condamner pour cela[152]), mais il accable le rapport d'enquête parlementaire qui, selon lui, est sans fondement, voire malveillant à l'égard des organisations syndicales, en particulier de la CGT. Il fustige aussi un rapport de la Cour des comptes pointant de graves dérives du comité d'entreprise de la RATP[153]. Chacun peut découvrir à cette occasion que ses arguments

152. En particulier à propos de fausses factures du comité central d'entreprise de la SNCF et d'utilisations de prête-noms. Voir *supra*, pages 128-129.
153. Rapport de la Cour des comptes du 6 décembre 2011.

sont minces : il se contente de dire que les syndicats sont transformés en boucs émissaires. On peut s'accorder en partie sur cet aspect, mais la question porte sur les sources de financement et leurs circuits, y compris en ce qui concerne les organisations patronales. Là-dessus, Michel Doneddu défaille et tourne au plus court. Manifestement, la CGT a deux discours, tout comme les autres centrales : l'un disant, par la voix de Bernard Thibault, que la publication du rapport serait une bonne chose et que son syndicat n'a rien à cacher, et l'autre discours se résumant à la stratégie du trésorier évoquant un complot antisyndical.

Une autre personnalité accomplit également des contorsions éprouvantes : le député UMP Bernard Accoyer, président de l'Assemblée nationale de 2007 à 2012. L'homme, invité lui aussi par les médias, semble parfois défendre Nicolas Perruchot, mais il le critique de plus en plus pour les informations qu'il diffuse puis déclare publiquement : « Je regrette profondément que M. Perruchot se soit placé dans une situation de délit pénal et qu'il laisse ainsi planer sur les organisations socioprofessionnelles des accusations dont elles ne peuvent répondre. » De fait, le rapporteur a notamment révélé que son rapport établit que seulement 3 à 4 % du financement des syndicats dépendent des cotisations des adhérents, bravant les contestations des leaders syndicaux.

Le président de l'Assemblée nationale, sans craindre d'user de sophismes, va jusqu'à déclarer : « À partir du moment où le rapport n'a pas été accepté, il n'existe pas », tout en précisant qu'il « a été déposé sous scellés dans des archives de l'Assemblée nationale et demeure inaccessible pendant vingt-cinq ans ». Bernard Accoyer pousse le bouchon de la rhétorique jusqu'à l'ubuesque : « Je regrette que le rapporteur se soit lui-même exprimé sur ce qu'il prétend être le contenu du rapport. » Ajoutant : « Pour cette raison, je souhaite que les représentants des organisations socioprofessionnelles puissent être entendues par la commission des affaires sociales[154]. »

Bernard Accoyer oublie de dire que le rapport circule déjà sous le manteau depuis un moment, tout comme certains comptes rendus d'audition, et que les syndicats connaissent très bien ce qui leur est reproché. On s'attend même à ce que la presse publie tout bonnement le rapport. Ce sera l'hebdomadaire *Le Point* qui le mettra finalement en ligne sur son site, où il est toujours consultable. Les médias ne manqueront pas d'y faire écho.

En attendant, la menace de sanction contre le rapporteur s'amplifie rapidement et la relation avec Bernard Accoyer s'envenime. Ce dernier ne parvient pas à le faire taire bien qu'il lui rappelle publiquement que divulguer des informations de travaux non publics d'une commission d'enquête parlementaire est puni d'une peine de prison. La situation est inédite. Perruchot va plus loin : il lance une pétition pour la publication de son rapport.

Nicolas Sarkozy en pacificateur

Le bureau de l'Assemblée est saisi pour se prononcer sur son cas. Une date est retenue pour trancher. C'est finalement Nicolas Sarkozy qui, le 29 décembre 2011, la veille de cette réunion qui peut déboucher sur l'emprisonnement du rapporteur, va résoudre la crise en le recevant à l'Élysée pour lui proposer une porte de sortie. « J'ai pu lui exposer mon point de vue et j'ai senti le Président relativement ouvert et prêt à une médiation avec Bernard Accoyer », explique Nicolas Perruchot après cette entrevue au sommet. En effet, le chef de l'État l'a rassuré sur les sanctions évoquées par Accoyer et, cerise sur le clafou-

154. Dépêche AFP du 20 décembre 2011.

tis, il a même donné le feu vert au rapporteur pour déposer au Parlement une proposition de loi pour réformer le financement des comités d'entreprise... Ce n'est pas la grande réforme du système de financement des syndicats qu'on pouvait attendre mais l'honneur est sauf et une étape importante semble tout de même franchie.

Le lendemain, le bureau de l'Assemblée nationale se réunira bien pour évoquer son cas mais en abandonnant l'idée du délit pénal. Nicolas Perruchot ignore encore qu'il vient peut-être de passer à côté d'une carrière politique hors norme en évitant la case prison, une case qui lui aurait peut-être apporté une dimension historique et une popularité légendaire. Son martyre prendra une forme moins rude mais plus discrète : il perdra son mandat quelques mois plus tard, lors des élections législatives de 2012. Pour ses adversaires ravis, ce sera coup double : « Nous voulions que le rapport Perruchot soit jeté aux oubliettes et voilà que son rapporteur l'était aussi ! » nous confie un responsable syndical en off.

La loi votée... trop tard

Mais, avant cette échéance, Nicolas Perruchot accomplira une performance qui, à l'aune de son enquête, résonnera comme un avertissement. Le 26 janvier 2012, il réussira à faire voter par l'Assemblée nationale sa proposition de loi sur le financement des comités d'entreprise. Ce jour-là, goûtant sa victoire partielle (il fallait encore que le texte passe par le Sénat pour être définitivement adopté), il présente son bébé législatif à la presse en dénonçant une nouvelle fois les lacunes de réglementation des finances syndicales, lesquelles favorisent les « pratiques frauduleuses » et permettent notamment d'« acheter la paix sociale », précise-t-il.

Les points clés de son texte valent d'être rappelés :

– Le comité d'entreprise est dorénavant soumis aux obligations comptables définies à l'article L. 123-12 du Code du commerce.

– À partir d'un niveau de ressources totales (fixé par décret), le CE devra publier ses comptes.

– L'intervention d'un commissaire aux comptes est obligatoire à partir d'un seuil de ressources à fixer.

– Dans les CE dont le niveau des ressources est supérieur au seuil fixé, « lorsque le commissaire aux comptes constate des faits et actes compromettants pour le CE, il doit en informer le secrétaire et le président » dans des conditions précisées par décret.

– Concernant les achats et les travaux réalisés par les CE dépassant le seuil de ressource, le comité d'entreprise devra déterminer « dans son règlement intérieur les procédures relatives à l'engagement et au paiement des travaux et achats de biens et services ». L'appel d'offres devient obligatoire à partir d'un certain montant, les critères de choix devront être « objectifs et vérifiables » et les pièces justificatives conservées.

– « Toute communication adressée par l'autorité administrative au comité et comportant la mention d'un manquement à la réglementation ou une mise en demeure est transmise sans délai à l'employeur. »

Ces quelques lignes votées par l'Assemblée nationale paraissent couler de source. Comme l'explique fort justement Nicolas Perruchot, ce texte « ne fait qu'étendre aux comités d'entreprise les règles applicables aux autres institutions ». Malgré sa légitimité évidente, l'hémicycle s'est fait tirer l'oreille pour l'adopter. Les élus de droite l'ont voté uniquement pour ne pas déplaire à l'Élysée, et le groupe socialiste s'y est refusé. Restait donc à le soumettre au Sénat.

Hélas, le calendrier des élections présidentielles et législatives de 2012 ne laissera pas le temps aux sénateurs de se pencher à leur tour sur son destin. Il rejoindra donc les archives des rendez-vous ratés du Parlement. Nicolas Sarkozy, quand il donnait son feu vert au rapporteur pour le présenter, savait déjà qu'il en irait ainsi, tout comme ce dernier. Il était prévisible que si le Parti socialiste accédait au pouvoir, ce projet embarrassant serait sérieusement différé. D'ailleurs, rien ne garantissait que Sarkozy lui-même, en cas de victoire de son camp, l'aurait remis dans le circuit. En réalité, la mort de ce joli petit texte était parfaitement programmée et son tour de piste ne fut qu'un pied de nez, une sorte de farce en guise de sortie. Le sujet n'est plus revenu dans l'actualité. Mais peut-être ne faudra-t-il pas attendre un nouveau scandale impliquant un grand comité d'entreprise comme celui d'EDF, de la SNCF, de la RATP ou d'Air France pour le replacer un jour prochain sous les projecteurs. Il sera en effet difficile pour le gouvernement, qui s'est engagé à imposer plus de transparence sur le financement de la vie politique, d'ajourner longtemps la question des CE. À l'heure où nous écrivons ces lignes, un groupe de concertation paritaire réuni par le ministère du Travail aurait fini de plancher sur un autre cadre législatif, plus souple que celui de Perruchot.

Quant au problème plus large des financements occultes des syndicats, il ne sera probablement pas réabordé par la gauche, sauf en cas de nécessité absolue, par exemple si une affaire explosait, du type de celle de l'UIMM en 2007, qui avait fait apparaître un circuit de financement effarant passant directement par les doigts de fée du grand négociateur Denis Gauthier-Sauvagnac. Ou si le juge chargé du dossier rend enfin ses conclusions…

Dans cette aventure, on ne peut retracer le combat et les courageuses déclarations de Nicolas Perruchot sans reconnaître que les élus de cette trempe sont trop peu nombreux. Et même si l'on est éloigné des partis auxquels il a adhéré (Nouveau Centre puis UMP), on peut espérer que cet homme d'exception retrouvera un mandat au plus vite.

Les organisations syndicales resteront très discrètes au sujet de cet avortement législatif et continueront d'ailleurs d'éviter d'évoquer les problèmes liés à l'opacité de leurs comptes et leur perte d'indépendance vis-à-vis de leurs financeurs. Il est vrai qu'ils ont tout fait pour empêcher que la grossesse arrive à terme, comme l'ont montré leurs interventions au sein de la commission des affaires sociales, lors de la séance du 17 janvier 2012 qui a précédé le vote par l'Assemblée nationale, où nous étions présents. Michel Doneddu, le trésorier national de la CGT, invité par les députés, a tenté de les convaincre de rejeter le texte par de violentes attaques contre Nicolas Perruchot, qu'il accusait d'avoir fait transmettre le rapport aux journaux : « Pour nous, il est très clair que ces fuites ont été organisées par le rapporteur de la commission d'enquête, qui a ainsi provoqué une campagne de presse virulente à l'encontre des syndicats, dénonçant des financements occultes et illégitimes. » Le trésorier a affirmé que la proposition de loi, confuse à ses yeux, allait court-circuiter « des discussions tripartites en cours sur le même sujet de la transparence des comptes des comités d'entreprise ». Selon lui, elle risquait de « casser la concertation sociale ». Il y voyait même « une volonté politique d'entraver le fonctionnement des comités d'entreprise ».

Marie-Alice Medeuf-Andrieu, secrétaire confédérale de Force ouvrière, l'a aussitôt rejoint par un procès d'intention : « Ne chercherait-on pas à fragiliser les instances représentatives du personnel en jetant le discrédit sur les élus du personnel ? » Sans craindre le paradoxe : « Nous sommes évidemment favorables à la transparence financière, mais celle-ci existe déjà. » Ni les contradictions : « Par ailleurs, la certification des comptes a un coût — recourir aux services d'un commissaire aux comptes coûte environ 10 000 euros — que les entreprises devront assumer. [...] Quant à l'obligation de recourir à l'appel à la concurrence, elle suppose que les élus du comité d'entreprise, qui n'ont pas a priori de compétences dans ce domaine, puissent avoir recours aux services d'experts comptables et de commissaires aux comptes, ce qui est déjà le cas dans les grandes entreprises. »

Du côté de la CFTC, Claude Raoul, secrétaire confédéral, a repris des arguments similaires en appelant à son tour à la concertation sociale et en accusant la proposition de loi d'être « floue ».

On attend toujours que les partenaires sociaux achèvent leur concertation pour apporter un cadre moins « flou » qui assurerait la transparence financière des CE... Mais quelques informations circulent qui laissent espérer un projet de loi sous la présidence de François Hollande. Le groupe paritaire réuni par la Direction générale du travail aurait transmis ses propositions à l'Autorité des normes comptables. Mais le ministre de l'Économie et des Finances, Pierre Moscovici, et celui du Travail et du Dialogue social, Michel Sapin, restent imprécis sur le calendrier. Il semble qu'un accord ait été trouvé, écartant les CE de petite et moyenne taille d'une obligation de certification[155]. Alors que le projet de Nicolas Perruchot prévoyait une obligation de certification et de contrôle à partir d'une dotation de 230 000 euros, cette version ne l'imposerait finalement que pour ceux disposant de plusieurs millions d'euros. Autre point faible, le commissaire aux comptes serait rémunéré par le CE lui-même.

155. Ils devraient pouvoir s'en tenir, pour les plus modestes, à une comptabilité consignée dans un livre de dépenses et recettes. Et pour les CE moyens, à une comptabilité simplifiée et la publication d'un bilan accompagné d'annexes.

Un soutien a été organisé aussi sur Facebook par un cadre, ancien délégué syndical, qui préfère garder l'anonymat de peur d'être tenu pour un « vendu ». Il prétend l'avoir fait pour les qualités du patron et non parce qu'il a retourné sa veste.

XIII

LES SYNDICATS SE MOBILISENT POUR SAUVER LES… PATRONS MIS EN EXAMEN

Singulière époque que la nôtre où les gros syndicats, non contents de traîner en justice leurs syndicalistes actifs et de délaisser les salariés avec leurs cotisations, défendent bec et ongles des P-DG placés en garde à vue pour des malversations financières ou mis en examen. À quand la vente de badges syndicaux à l'effigie des P-DG avec le slogan « Touche pas à mon patron » ? Après avoir encensé Jean-Marie Messier pendant qu'il restructurait la Compagnie générale des eaux (CGE) pour chasser un tiers des délégués du personnel du groupe (ceux qui étaient au plus près du terrain), après l'avoir défendu quand il était débarqué de Vivendi (ex-CGE) pour avoir creusé et caché un trou abyssal hypothéquant l'avenir de cette société, l'un des principaux employeurs de France[156], après avoir soutenu le double salaire colossal d'Henri Proglio, nommé par

156. 180 000 salariés dans l'Hexagone sur 350 000 salariés dans le monde.

Nicolas Sarkozy à la tête d'EDF tout en conservant la direction de Veolia... les syndicats se distinguent encore sur ce nouveau type de contestation. Il s'agit cette fois d'une mobilisation syndicale autour du P-DG du groupe France Télécom Orange, Stéphane Richard, mis en examen dans l'affaire d'arbitrage qui a attribué 403 millions d'euros à Bernard Tapie avec la bénédiction de Claude Guéant et de Nicolas Sarkozy...

Stéphane Richard : nouveau « martyr »

Par l'effet d'une aura dont il a le secret, Stéphane Richard — ancien conseiller de Dominique Strauss-Kahn[157], puis collaborateur de Jean-Marie Messier à la direction de la Compagnie générale des eaux, avant de devenir le directeur adjoint de Veolia Environnement et de Veolia Transports, pour rebondir comme directeur du cabinet de la ministre de l'Économie Christine Lagarde entre 2007 et 2009 — s'est attiré lui aussi les grâces des syndicats. Ce n'est d'ailleurs pas la première fois qu'il les obtient. On lui doit également d'avoir été, sous l'œil vigilant de Nicolas Sarkozy, le maître d'œuvre de la privatisation de la SNCM, avec l'accord de la CGT (!) et en réussissant, bon an mal an, à préserver la « paix sociale ». Son « charisme », pour reprendre l'expression hypocrite consacrée, est tellement apprécié des politiques qu'il est l'un des hommes à qui l'on songe quand on veut passer des accords avec les syndicats dans les grandes entreprises dont on réduit sévèrement le personnel, même s'il a parfois échoué dans cette tâche[158].

157. En 1991, quand DSK était ministre de l'Industrie et du Commerce.
158. Par exemple, en 2005, à Marseille quand, soutenu par le maire de Marseille Jean-Claude Gaudin et le député UMP Renaud Muselier, il a tenté d'amorcer un passage progressif du service des transports marseillais, l'un des derniers services encore en régie municipale, dans le giron de Veolia.

La presse soulignait, en juin 2013, la promptitude avec laquelle les organisations de salariés réagissaient en faveur de ce dirigeant. Ainsi, la revue *Challenges*, pourtant peu habituée à enquêter sur les relations que les directions d'entreprise entretiennent avec leurs syndicats, avouait son étonnement devant le phénomène : « La CFE-CGC-UNSA a été la première à défendre celui qu'elle est pourtant structurellement amenée à combattre. Elle vient d'ailleurs de lancer une pétition par mail aux salariés du groupe. » Elle notait aussi le soutien de la CFDT et, fait plus remarquable, les contorsions des représentants de SUD : « Contacté par *Challenges*, Laurent Riche, délégué syndical CFDT, indique de son côté : "oui, la CFDT-Orange soutient Stéphane Richard : d'une part, il faut bien sûr respecter la présomption d'innocence ; d'autre part, ce qui lui est reproché n'a strictement rien à voir avec Orange. Enfin, il faut reconnaître qu'il a su rétablir le dialogue social, alors que son prédécesseur, Didier Lombard, ne s'en souciait pas." Quant au syndicat SUD, il semble tiraillé entre les déclarations officielles de ses dirigeants nationaux et celles de ses représentants locaux. » En effet, Patrick Ackerman venait de déclarer le 12 juin à *Challenges* : « On ne peut pas dire que nous le soutenons », tandis que Pascal Troche, du syndicat SUD à Rennes, déclarait au *Monde* : « Il a pacifié les relations sociales. »

Des cégétistes résistent au « charisme » du P-DG

Plus prudente, la CGT-FAPT récusait sur son site Internet les déclarations médiatiques lui attribuant une attitude affable : « La CGT-FAPT dément ces affirmations et n'accepte pas que d'autres parlent en son nom. » Elle précisait : « L'affaire "Tapie" et le rôle présumé de Stéphane Richard, alors directeur du cabinet de Christine Lagarde, concerne actuellement la justice et elle seule. La CGT-FAPT se gardera donc de s'exprimer prématurément sur les éventuelles conséquences de cette affaire. » Les cégétistes ne tenaient donc plus le P-DG qu'avec une pincette. Ils allaient même plus loin concernant son rôle à la tête du groupe : « Par ailleurs, la CGT-FAPT dément tous propos relatifs à une "paix sociale" que Stéphane Richard aurait apportée lors de sa nomination à la tête du groupe en 2009. Si une forme d'apaisement a eu lieu jusqu'en 2012, c'est avant tout parce que le rapport de forces à contraint la direction à stopper les restructurations et les suppressions d'emplois, en recrutant 10 000 salariés sur trois ans, c'est-à-dire en remplaçant les départs. Mais, pour maintenir un haut niveau de cash flow et reverser des milliards en dividendes aux actionnaires, le nouveau plan stratégique triennal, porté par le même P-DG, prévoit 7 000 suppressions d'emplois d'ici 2015 et jusqu'à 20 000 d'ici 2020. Ainsi, les fermetures de sites, déménagements, restructurations reviennent en force avec leurs conséquences : surcharge de travail, conditions de travail dégradées, pressions, etc., et tous les dangers de voir de nouveau s'accentuer la souffrance au travail et les risques psychosociaux, les mêmes causes étant généralement suivies des mêmes effets. Les annonces de "nouveau contrat social" sont restées des mots, les accords signés à l'encre invisible. La CGT-FAPT réaffirme non seulement qu'elle ne soutient pas la stratégie de la direction de France Télécom, mais qu'elle la conteste et entend la combattre en portant avec le personnel d'autres perspectives pour la réponse à leurs revendications et le développement du droit à la communication. »

Cette prise de position est devenue assez rare pour être soulignée. On aimerait que la CGT soit toujours aussi claire que sur ce site.

XIV

L'ESTOMAC PLEIN DES FÉDÉRATIONS SYNDICALES DU COMMERCE

Les fédérations du commerce et des services — entendez les partenaires sociaux qui gèrent l'argent versé par les entreprises commerciales, les services à la personne et les particuliers employeurs — sont méconnues du grand public, mais elles règnent sur des trésors. Elles couvrent tout simplement les 400 000 salariés et les dizaines de branches d'entreprises qui interviennent dans la vente des vêtements de détail, l'hôtellerie, les cafés, les restaurants, les fast-foods, les magasins, la grande distribution, les entrepôts et la logistique...

À elle seule, la branche du particulier employeur et des services à la personne verse une cagnotte de l'ordre de 4 millions d'euros annuels aux fédérations. La fédération CGT du commerce[159]

159. Ses cotisations syndicales représentent moins du quart de ses ressources.

perçoit 1 million chaque année. Les autres syndicats se partagent le reste. Qu'en font-ils ? Officiellement, ils doivent l'utiliser pour les services aux salariés, et pour couvrir leurs dépenses de fonctionnement et les rémunérations de leurs permanents. L'argent ne doit pas financer des activités syndicales, mais, selon des observateurs internes qui aimeraient que la gestion soit plus cohérente, les factures dérapent… « Par exemple, l'argent passe par des faux justificatifs signés par des délégués qui ne sont pas de la branche… », nous explique un témoin. Une militante nous révèle que « des dépenses inavouables sont dissimulées par des factures concernant des productions incontrôlables, comme des tracts dont le nombre déclaré n'est soumis à aucun contrôle puisqu'ils sont distribués gratuitement… Cela passe aussi par l'organisation de "salons", le paiement de salaires de permanents qui font tout autre chose que de s'occuper des salariés du particulier employeur, des rémunérations de journalistes et de juristes fédéraux à temps plein… »

Si l'on en croit certains, les abus de cette nature seraient relativement récents à la fédération commerce de la CGT, ils ne dateraient que de quelques années. « Ses membres se sont inspirés des usages qui ont cours depuis beaucoup plus longtemps chez d'autres syndicats », commente un syndicaliste qui déplore cette dérive. Du côté de FO, de la CFTC, de la CFDT et de la CGC, on nie en bloc. « Pas de ça chez nous ! » répètent-ils. Même réponse des organisations patronales qui se partagent les millions.

La « bonne entente » entre partenaires sociaux est de mise. Aucune fédération n'est prête à cracher dans la soupe. Le problème, c'est que la soupe en question sert de monnaie d'échange pour maintenir la « paix sociale » au détriment des salariés. « Des grèves ont été freinées, voire franchement tuées dans l'œuf par les fédérations », s'insurge un militant qui dénonce ces jeux malsains.

Les fédérations à la traîne dans la restauration rapide

On cite par exemple les grèves successives des employés du McDonald's parisien du carrefour Strasbourg-Saint-Denis. Celle de 2002 avait duré quatre mois. Le 13 janvier 2003, le mouvement a repris pour refuser des suspensions de salaires de cinq salariés, licenciés et impayés depuis trois mois pour avoir demandé l'élection de délégués du personnel, pourtant prévue par la loi, et s'être opposés au licenciement du militant syndical à l'origine de cette exigence. Ils avaient aussi dénoncé un problème de « chambre froide qui affichait des températures de 12 °C au lieu de 6 °C[160] ». Cette fois, la direction du McDo a plié et les salariés ont été réintégrés. En octobre 2003, à la suite d'une mise à pied d'un sous-directeur du McDo, Tino Fortunat, délégué CGC qui avait osé plaider pour des salariés aux prud'hommes, un mouvement de grève a repris pour le protéger, et exiger une amélioration des conditions de travail qui se dégradaient et une hausse des salaires. À l'automne 2004, après cent quinze jours de grève et une guerre d'usure éprouvante de la direction (réductions de salaires, paiements en retard, intimidations par des vigiles, tentatives de division...), celle-ci cédait : elle reprenait le sous-directeur, accordait une augmentation générale des salaires et payait une grande partie des journées de grève. Elle redoutait des blocages de production dans des filiales, une extension de la lutte à d'autres restaurants, sans compter des mouvements de grève en coordination avec d'autres chaînes de restauration rapide (Pizza Hut, Frog...) et une mauvaise publicité pour la marque dans la presse. Il est vrai, les médias commençaient à s'intéresser de plus en plus aux conditions de travail des jeunes embauchés dans les fast-foods. Entre-temps, la direction a

160. Témoignage cité par *Le Parisien*, le 14 janvier 2003.

pourtant obtenu du ministre du Travail qu'il la débarrasse du sous-directeur malgré l'avis de l'inspection du travail qui refusait le licenciement.

Si la victoire des employés a été rendue possible par des syndicalistes de terrain qui les ont soutenus, notamment des cégétistes, elle ne doit rien en revanche aux fédérations syndicales qui, elles, ont renâclé et suivi d'un mauvais œil leur opiniâtreté, alors qu'ils défendaient leurs droits syndicaux. « On a découvert à cette occasion la différence qui existe entre les bureaucrates des syndicats et les vrais militants. Ils ont dû se battre non seulement contre la direction de McDo mais contre leur propre organisation ! » souligne un employé.

On s'explique mal la léthargie des fédérations. À eux seuls, les salariés de McDo représentent 43 000 personnes, essentiellement des jeunes. L'avenir du syndicalisme. Se sont-elles réveillées depuis ? En 2008, un autre conflit allait surgir, cette fois dans le McDo de la rue de Rennes à Paris. La révolte des salariés avait pour objet l'état d'hygiène du restaurant et les conditions de travail rendues insupportable par le manque d'effectifs. Ils dénonçaient en particulier « l'invasion des cafards et des souris », et cela « jusque dans les distributeurs de boisson ». Bien entendu, les conditions dénoncées dans la franchise de la rue de Rennes, quelles qu'elles soient, ne sont absolument pas généralisables aux autres points de vente de la marque, car chaque restaurant de la chaîne est placé sous la responsabilité d'un franchisé qui gère son site. En revanche la déception des salariés de la rue de Rennes devant les fédérations syndicales est à l'aune de celle des salariés du McDo de Strasbourg-Sain-Denis. Hormis les militants de terrain, ils n'ont pas vu les organisations syndicales les soutenir. Il est vrai que les permanents de ces organisations fréquentent d'autres tables…

ÉPILOGUE

POUR SAUVER LE SYNDICALISME

La situation des syndicats en France est devenue des plus périlleuses avec seulement 7 à 8 % de la population active syndiquée et des structures suralimentées par un système de perfusion qui les entrave. On l'a vu tout au long de cette enquête, ce système les pousse à mener des guerres intestines contre les syndicalistes honnêtes et actifs. Car des milliers de syndicalistes le sont, et se retrouvent lâchés par leur fédération — sauf quand leur médiatisation atteint un degré qui sacralise leur lutte et les rend quasi intouchables.

Derrière le théâtre des rodomontades consistant pour les patrons des syndicats à sauver les apparences, ce système les confine dans un syndicalisme d'accompagnement des politiques décidées par les gouvernements. In fine, leur lutte se tourne souvent contre les luttes de leurs propres militants, quand ils ne les tuent pas dans l'œuf, au nom de considérations supérieures qui n'ont plus le moindre sens pour les salariés. Les mouvements qu'ils impulsent se réduisent à quelques marches rituelles dans l'année ou à des « actions symboliques » dont les effets sont si improductifs qu'elles démobilisent plus de monde qu'elles n'en attirent, créant l'illusion d'une désaffection populaire grandissante pour le combat syndical.

Les grands syndicats n'osent dire que les salariés sont en réalité devenus à leurs yeux la cinquième roue du carrosse et la variable d'ajustement de leurs négociations. Dans ce contexte qui les voit délaisser jusqu'à la démarche consistant à recueillir les cotisations des syndiqués, l'heure n'est plus au tabou sur leur financement. Il serait suicidaire de laisser plus longtemps le monopole des critiques aux partis de droite prompts à charger le syndicalisme de tous les maux. À trop vouloir préserver les syndicats de toute critique, par crainte de « désespérer Billancourt », on a laissé les choses empirer gravement. Cette énorme erreur a permis que se mette en place la plus funeste des perversités : une profusion de circuits de financement alimentés par les directions d'entreprises elles-mêmes, des collusions endémiques avec les organisations patronales cogérant les organismes sociaux et trop heureuses de pouvoir ainsi paralyser les forces d'impulsion des confédérations et des fédérations, une multiplication des pratiques de détournement... Il est grand temps de mettre fin au système de financement qui a transformé les organisations syndicales en pachydermes sous perfusion à peine capables de s'ébrouer face au détricotage des acquis sociaux. Un détricotage complet dont le projet est pourtant explicitement annoncé désormais par les grands lobbyistes des entreprises du CAC 40 et leurs think tanks[161].

161. *Un pouvoir sous influence, op. cit.*

Des solutions

Cette perspective est d'autant plus insupportable que les solutions sont à portée de main et qu'elles permettraient de renforcer le syndicalisme et son indépendance tout en réduisant la voracité économique des structures. Elles consistent tout d'abord à fixer, pour l'ensemble des organisations syndicales des employeurs et des salariés, y compris dans le secteur public, les obligations comptables signalant l'origine de leurs ressources et leurs affectations, que ces ressources soient financières, matérielles, ou humaines, telles que les mises à disposition de personnes par l'État, les collectivités territoriales et les entreprises.

Cette transparence, qui devrait s'imposer aussi bien aux syndicats d'entreprise qu'à ceux des fédérations, des confédérations et des structures satellites, devrait être complétée par la mise en place de garde-fous assurant un équilibre dans les financements des organisations, qui soit proportionné à leur représentativité réelle et non à leur malléabilité par les directions d'entreprise et les gouvernements.

Un autre volet est systématiquement oublié aujourd'hui par les organisations syndicales, alors qu'il est vital pour défendre le droit des 16 millions de salariés du privé quand les employeurs ne respectent pas leurs droits : les prud'hommes. Dès son installation aux commandes du ministère de la Justice, en 2007, Rachida Dati, sous la houlette du président de la République Nicolas Sarkozy et du Medef, avait amputé d'un tiers le nombre de ces tribunaux civils, ces fameux conseils prud'homaux pourtant connus pour leur efficacité, institution paritaire qui, pour une fois, ne rapporte pas d'argent aux syndicats. Sa réforme avait non seulement réduit leur nombre mais aussi celui des conseillers, ce qui a eu pour conséquence prévisible de créer une surcharge de travail pour les tribunaux restants, de retarder le traitement des dossiers et d'alourdir la charge des conseillers prud'homaux au point que certains ont dû l'abandonner. Autre conséquence : beaucoup de salariés sont ainsi dissuadés d'y recourir, tout particulièrement les plus démunis qui n'ont pas les moyens de parcourir les longues distances pour se rendre à leur audience et, autre nouveauté que les syndicats ont acceptée sans bouger, de payer désormais 35 euros de frais d'inscription pour l'ouverture de leur dossier[162]. Rappelons que cette justice essentiellement saisie par les salariés (seulement 20 % des plaintes sont déposées à l'initiative des employeurs), quand ils estiment que le droit du travail a été transgressé, leur donne raison contre l'entreprise dans 90 % des cas. Il est sidérant que les fédérations et les confédérations n'aient pas manifesté aux côtés de leurs représentants quand la réforme Dati a fragilisé cet outil juridique. Nous avons découvert, en effet, que ces magistrats civils ont été littéralement abandonnés par leur centrale quand ils ont exprimé leur indignation[163]. On peut y voir une illustration éloquente du désintérêt des syndicats pour une institution qui ne leur rapporte pas d'argent et ne concerne « que » la défense du droit des salariés. Le gouvernement socialiste rendra-t-il à la justice sociale toute sa place à l'heure où les atteintes au droit du travail se multiplient ? Ce n'est pas au programme, les syndicats ne songeant même pas à le demander.

Il est également significatif que les centrales n'aient pas été à l'origine des progrès législatifs protégeant les lanceurs d'alerte dans les entreprises. Les dernières lois en date, votées pour protéger contre les représailles des employeurs les sala-

162. Cette diminution significative du nombre de dossiers a été relevée notamment au conseil de Paris, lors de l'audience annuelle qui a dressé le bilan 2012.

163. *L'Argent noir des syndicats, op. cit.*

riés qui révèlent des malversations financières[164] ou la toxicité de certains produits[165], n'ont pas été portées par les syndicats. Ces derniers gagneraient pourtant beaucoup, à l'avenir, s'ils se mobilisaient pour lutter contre la fraude, la corruption et les cachoteries criminelles concernant la nocivité de nombreuses substances auxquelles on peut être exposé au travail et au-delà. Mieux : s'ils prenaient l'initiative en ce domaine au lieu de combattre les associations, dans lesquelles ils voient systématiquement des concurrents[166], ils retrouveraient un peu de leur légitimité. L'occasion pourrait leur en être donnée, par exemple, en défendant un élargissement des lois sur les lanceurs d'alerte aux agents de l'État, lesquels sont encore aujourd'hui soumis à une « obligation de réserve » sans réel fondement légal et qui ressemble furieusement à une atteinte aux droits de l'homme.

Puisque les partenaires sociaux prêchent à l'unisson la nécessité de plafonner les dépenses publiques, il serait judicieux qu'ils acceptent un plafonnement des dépenses remboursées aux membres des conseils d'administration des organismes paritaires et de leurs différentes instances, notamment ceux des branches de la Sécurité sociale, qu'il s'agisse de « frais personnels » ou de dépenses pour des « aides techniques ». Il devrait en aller de même à la Mutuelle sociale agricole, dont il est bon de rappeler qu'elle engloutit chaque année 26 millions d'euros à elle seule, une somme presque égale à celle du régime général (30 millions d'euros) alors que ce dernier couvre dix fois plus de personnes.

Le budget total de la formation professionnelle, en progression rapide, est aujourd'hui de 30 milliards d'euros. Compte

164. Transcription d'une directive européenne dans le droit français en 2008.

165. Loi Marie-Christine Blandin votée en 2013.

166. Voir *supra*, pages 199-212.

tenu de l'ampleur des tricheries permettant des détournements — par l'affectation fictive à des stages de formation professionnelle —, le renforcement des contrôles dans ce domaine assainirait la situation. Par ailleurs, plus de cent OPCA (organismes paritaires collecteurs agréés), qui gèrent paritairement 6,2 milliards d'euros, multiplient et dispersent les remboursements de frais propices aux détournements. Une restructuration du secteur s'impose.

Le cumul des mandats, comme chez les politiques, doit être combattu. Souvent, un même syndicaliste est délégué du personnel, membre du comité d'entreprise, membre du comité central d'entreprise (qui représente l'ensemble des CE du groupe), membre du CHSCT, délégué syndical, membre du comité de groupe... De sorte que certaines personnes, d'une conscience très émoussée, débordent de mandats sans avoir vraiment travaillé dans l'entreprise, toujours par monts et par vaux, rebondissant de réunions en réunions avec des dirigeants d'entreprise et la crème des syndicats, s'identifiant plus aux cadres supérieurs qu'aux simples salariés. Leur vision et leur capacité à défendre ces derniers s'en trouvent complètement déformées, pour ne pas dire avachies. Leur pouvoir exorbitant en fait d'ailleurs des cibles privilégiées pour ceux qui sont tentés de les instrumentaliser. Il conviendrait donc que le non-cumul devienne une règle, y compris pour les conseillers municipaux, généraux ou régionaux : leur mission n'est pas compatible avec le mandant de délégué syndical dans leur entreprise car elle peut créer la tentation de prendre des décisions en faveur de cette dernière (conflits d'intérêts).

À l'heure où le patrimoine des élus politiques est soumis à un contrôle et à la possibilité d'être consulté par le public, il serait tout aussi sain que celui des élus syndicaux le soit. Nous connaissons en effet des cas d'enrichissement personnel lié à ces mandats, dont nous avons vu quelques exemples dans un contexte qui laisse penser que le phénomène est devenu fréquent.

Sur ce versant, il convient de veiller à ce que le responsable syndical ait la garantie de bénéficier de l'évolution moyenne de la carrière de sa catégorie professionnelle, mais qu'on ne voie plus ces cas, trop courants, d'une évolution optimale ou, pire, d'un syndicaliste n'ayant officiellement fait qu'exercer sa délégation et qui se retrouve soudain intégré à un poste de dirigeant de l'entreprise, par exemple à la tête de la direction des ressources humaines ou au côté du P-DG.

Un plafonnement des publicités dans les revues syndicales et de leur montant contribuerait également à redonner une certaine indépendance aux organisations.

Il est devenu par ailleurs nécessaire de réduire l'ampleur du nombre de permanents en France en rééquilibrant en fonction du nombre de syndiqués, et de relancer la syndicalisation par des services aux salariés qui rendraient les adhésions plus attractives, à l'instar de certains voisins européens qui comptent plus de 70 % de syndiqués dans la population active.

Au regard des graves injustices entretenues par les règles de représentativité des syndicats ouvrant droit à siéger dans les instances paritaires qui leur permettent de se renforcer, il est nécessaire de prendre davantage en compte le nombre réel d'adhérents de chacun et de réduire la place accordée à l'ancienneté.

Dans le même esprit, il paraît impératif que le législateur se décide à encadrer sérieusement la gestion des comités d'entreprise, à l'instar de ce que Nicolas Perruchot avait réussi à faire voter à l'Assemblée nationale en 2012[167].

S'il est important que les syndicats puissent choisir librement la forme de leurs structures, le développement rapide des

167. Voir *supra*, pages 213-230.

nouvelles organisations adoptant une structure plus horizontale, sur le modèle de SUD-Solidaires, qui permet aux syndiqués de conserver un maximum d'autonomie dans les décisions touchant à leurs luttes (lancements de grèves, reconduction ou non, etc.) est à méditer. Ce type de structure redonne manifestement aux salariés une responsabilité et un rôle réel dans les luttes et les négociations.

De telles propositions déplairont sans doute aux grands syndicats, qui n'ont pas envie de retourner sur le terrain. Mais le syndicalisme n'aura un avenir dans notre pays qu'à l'unique condition de les adopter.

La concertation avec les syndicats menée par François Hollande en 2013 sur un projet de réforme de leur financement ira-t-elle jusqu'à instituer des mesures à la hauteur des enjeux ? Son périmètre est ambitieux puisqu'il couvre même le secteur de la formation, mais la difficulté sera de redéfinir en profondeur leur vieux système d'irrigation et de mettre en place les moyens d'un contrôle effectif.

On peut espérer que les partenaires sociaux n'imposeront pas, en échange de cette réforme, une amnistie pour la délinquance financière dans les domaines sociaux, même s'ils le demandaient encore au printemps 2013. Le président de la République s'est publiquement engagé, au mois de juin de la même année, à refuser cette éventualité que l'opinion publique aurait sans doute vue d'un mauvais œil. L'amnistie aurait achevé de la convaincre que les plus forts sont toujours au-dessus de la loi. La réforme elle-même aurait pris l'allure d'une mascarade destinée à faire passer la pilule — réveillant l'amer souvenir de l'autoamnistie politique par laquelle les parlementaires s'étaient lavés de leurs délits en 1989, moyennant l'adoption d'une loi limitant le financement des partis politiques qui leur a permis de faire croire qu'ils ne recommenceraient plus. L'amnistie entretient un climat d'impunité qui autorise de fait les transgressions futures. L'argument de ses partisans, qui consiste à marteler qu'il serait injuste que les politiques aient pu profiter d'une amnistie pour se soustraire à la loi alors que les « acteurs sociaux » n'auraient droit qu'à l'application de cette dernière, laisse songeur, puisqu'il prend précisément pour référence un des épisodes les plus scandaleux de notre République. Pourquoi, au nom du même précédent, ne pas réclamer une amnistie pour tous les délinquants financiers, pendant qu'on y est ?

Signalons enfin que notre enquête a alerté de nombreux témoins de dérives graves touchant aussi des syndicats professionnels censés défendre les intérêts des professions libérales. Le monde de la magistrature, notamment, celui des professions de santé (dentistes, médecins, infirmières...) et beaucoup d'autres sont concernés. Parmi d'autres, le témoignage particulièrement édifiant que nous a apporté le chirurgien-dentiste Rudyard Bessis, radié de sa profession après avoir créé un nouveau syndicat pour relancer l'indépendance du syndicalisme dans son secteur, nous a permis de prendre conscience de la nécessité de prolonger nos investigations vers ce continent encore obscur.

ANNEXES

Document n°1

Réponse de la directrice de La Nouvelle Vie ouvrière

Montreuil, le 24 juillet 2013

Je suis plus que surprise de la teneur de vos questions. Directrice de la NVO depuis le 22 janvier 2010 je peux vous affirmer que les pratiques que vous imputez à l'entreprise de presse, la SA NVO, n'ont pas cours et n'ont pas eu cours.

En tant qu'organe de presse, la NVO a subi depuis quinze ans, de plein fouet, la crise qui affecte tous les titres de la presse écrite. Elle a dû en conséquence procéder plusieurs fois à des réductions d'effectifs, et elle se trouve encore confrontée aujourd'hui à de très graves difficultés financières. Aussi, la situation n'autorise donc aucune dérive, de quelque nature qu'elle soit.

Chaque année, les comptes sont validés par le conseil d'administration, certifiés par le commissaire aux comptes et déposés au greffe du tribunal de commerce de Bobigny.

S'agissant du déménagement de l'entreprise de presse, du 33 de la rue Bourret à Montreuil, au siège de la CGT, je n'ai guère d'éléments, au sujet de cet événement intervenu il y a maintenant vingt ans. Je sais qu'il s'est opéré dans des conditions difficiles du fait de l'obligation de renoncer à la construction d'une aile de bâtiment consacrée à la presse, dans la Bourse nationale du travail. Le transfert a traîné en longueur. Mais dans ce transfert les intérêts du journal qui a pu enfin se rapprocher des organisations de la CGT ont été préservés.

Quant à l'accusation de bénéficier de la publicité de grandes entreprises, permettez moi d'en être étonnée. La Vie ouvrière a mené une longue bataille pour pouvoir bénéficier de la publicité institutionnelle de grandes firmes, comme bien d'autres titres de presse. Nous avons toujours revendiqué notre part, sans que cela remette en cause notre indépendance, puisque le volume n'excède pas 20 % du total du chiffre d'affaires annuel de la SA NVO. Et comme vous le pensez bien la CGT et ses organisations n'ont souscrit à la moindre contrepartie.

Bien à vous,

Agnès NATON
Secrétaire nationale de la CGT
Directrice de la SA NVO

Document n°2

Liste des personnes auditionnées par la commission d'enquête parlementaire sur le financement des syndicats :

– M. Jean-Denis Combrexelle, directeur général du travail, et Mme Annelore Coury, sous-directrice des relations individuelles et collectives du travail

– M. Jean-François Verdier, directeur général de l'administration et de la fonction publique (DGAFP), et M. Harold Huwart, adjoint du chef du bureau du statut général et du dialogue social

– M. Bernard Vivier, directeur de l'Institut supérieur du travail

– M. Dominique Andolfatto et M. Dominique Labbé, maîtres de conférences en sciences politiques

– M. Michel Offerlé, professeur de sciences politiques

– M. Jérôme Guedj et Mme Valérie Saintoyant, inspecteurs généraux des affaires sociales (IGAS), auteurs du rapport *Étude d'administration comparée sur le financement des syndicats (Allemagne, Grande-Bretagne, Italie, Suède)* (février 2005)

– Mme Corinne Desforges, inspectrice générale de l'administration, M. Hervé Mecheri, inspecteur général de l'éducation nationale et de la recherche, M. Christian Lenoir, inspecteur général des affaires sociales, M. Jean-Pierre Morelle, chef de mission du contrôle général économique et financier, M. Alain Tessier, contrôleur général économique et financier, et Mme Sandrine Le Gall, administratrice au contrôle économique et financier, auteurs du rapport *Le Bilan des moyens alloués aux organisations syndicales dans la fonction publique – analyse détaillée dans deux départements : le Rhône et le Loiret* (juin 2010)

– M. Jean-Luc Touly, M. Christophe Mongermont et M. Roger Lenglet, auteurs de l'ouvrage *L'Argent noir des syndicats* (2008)

– M. Jean-Paul Delevoye, président du Conseil économique, social et environnemental (CESE), et M. Christian Le Roux, son directeur de cabinet

– M. Gérard Adam et M. Jean-Pierre Basilien, auteurs du rapport *Reconstruire le dialogue social* pour l'Institut Montaigne (juin 2011)

– Mme Agnès Verdier-Molinié, directrice de la fondation IFRAP (Institut français pour la recherche sur les administrations et les politiques publiques), et M. Samuel-Frédéric Servière, expert de cette fondation

– M. Bertrand Martinot, délégué général à l'emploi et à la formation professionnelle, et Mme Marie Morel, sous-directrice des politiques de formation et du contrôle

– M. Erwan Seznec, journaliste, auteur de l'ouvrage *Syndicats, grands discours et petites combines* (octobre 2006)

– M. Bernard Van Craeynest, président de la Confédération française de l'encadrement-Confédération générale des cadres (CFECGC), M. Jean-Frédéric Dreyfus, trésorier national, et M. Christophe Mickiewicz, responsable financier auprès de la direction confédérale

– M. Hervé Lambel, président de l'association Créateurs d'emplois et de richesses de France (CERF), et M. Cyril Lage, vice-président en charge de la communication

– M. Alain Cordesse, président de l'Union de syndicats et groupements d'employeurs représentatifs dans l'économie sociale (USGERES), et M. Jean-Pierre Azaïs, trésorier

– Mme Annick Lepage, ancienne salariée de la Fédération des industries mécaniques

– M. Jean-François Roubaud, président de la Confédération générale des petites et moyennes entreprises (CGPME), M. Jean-Louis Jamet, vice-président trésorier, et M. Gérard Orsini, président de la commission juridique

– M. Dominique Libault, directeur de la sécurité sociale, et M. Philippe Renard, directeur de l'Union des caisses nationales de sécurité sociale (UCANSS)

– M. Willy Pasche, ancien cadre du comité d'établissement des cheminots de la région de Lyon, et M. Philippe Chabin, ancien secrétaire du comité d'établissement Clientèles de la SNCF

– Mme Bernadette Groison, secrétaire générale de la Fédération syndicale unitaire (FSU), Mme Éliane Lancette, trésorière, et M. Jean-Jacques Mornettas, trésorier adjoint

– M. Jean Lardin, président de l'Union professionnelle artisanale (UPA), M. Christian Le Lann, trésorier, et M. Pierre Burban, secrétaire général

– Mme Laurence Parisot, présidente du Mouvement des entreprises de France (Medef), M. Jean-Louis Schilansky, trésorier, M. Benoît Roger-Vasselin, président de la commission des relations du travail et de M. Dominique Tellier, directeur adjoint aux affaires sociales

– M. David Gordon-Krief, président de l'Union nationale des professions libérales (UNAPL), et M. Christian Guichardon, trésorier

– Mme Annick Coupé, déléguée générale de l'Union syndicale Solidaires, et M. Thierry Lescant, trésorier national

– M. Jean Mouzat, président de la Confédération agricole des syndicats d'exploitants familiaux (Modef), Mme Estelle Royet, trésorière adjointe, et M. Alain Gaignerot, directeur

– M. Henri Rouilleault, animateur de groupes de travail de la fondation Terra nova sur la démocratie sociale, auteur de l'ouvrage *Où va la démocratie sociale ?*

– M. Luc Bérille, secrétaire général de l'Union nationale des syndicats autonomes (UNSA), et M. Jacques Bory, trésorier national

– M. Philippe Louis, secrétaire général de la Confédération française des travailleurs chrétiens (CFTC), M. Pierre Mencès, trésorier, et M. Claude Raoul, membre du bureau confédéral

– M. François Chérèque, secrétaire général de la Confédération française démocratique du travail (CFDT), Mme Anousheh Karvar, trésorière et M. Thierry Bettencourt, responsable des services financiers

– M. Bernard Thibault, secrétaire général de la Confédération générale du travail (CGT), et M. Michel Doneddu, trésorier

–M. Philippe Collin, porte-parole de la Confédération paysanne, M. Jean-François Bianco, trésorier, et M. Jacques Bonati, juriste

– M. Hédy Sellami, ancien salarié de *La Vie ouvrière*

– M. Dominique Lagorio, secrétaire du comité central d'entreprise de la SNCF, et M. Jean-Louis Piedecausa, secrétaire du comité d'établissement des cheminots de la région de Lyon

– M. Pierre Mongin, président de la Régie autonome des transports parisiens (RATP), et M. Paul Pény, directeur général adjoint, directeur du département « gestion et innovation sociale »

– M. Xavier Beulin, président de la Fédération nationale des syndicats d'exploitants agricoles (FNSEA), et M. Patrick Ferrère, directeur général

– M. Guillaume Pepy, président de la Société nationale des chemins de fer français (SNCF), et M. Loïc Hislaire, directeur des ressources humaines, accompagnés de Mme Karine Grossetête, conseillère parlementaire

– M. Michael Fieschi, président de la Caisse centrale d'activités sociales (CCAS) des industries électriques et gazières, et M. Christian Fereol, trésorier général

– M. Henri Proglio, président-directeur général d'Électricité de France (EDF), M. Denis Lépée, conseiller du président, Mme Marianne Laigneau, directrice des ressources humaines du groupe, M. Bernard Lassus, directeur des ressources humaines pour la France, et M. Gérard Trouvé, directeur des affaires publiques

– M. Bernard Giraudet, secrétaire du comité d'établissement Clientèles de la SNCF

– M. Jean Marimbert, secrétaire général du ministère de l'Éducation nationale, de la Jeunesse et de la Vie associative et du ministère de l'Enseignement supérieur et de la Recherche, et M. Christophe Castell, sous-directeur à la direction générale des ressources humaines

– M. Jean-Marie Faure, président de l'Association de gestion du fonds pour l'insertion professionnelle des personnes handicapées (AGEFIPH), et M. Pierre Blanc, directeur général

– M. Frédéric Saint-Geours, président de l'Union des industries et métiers de la métallurgie (UIMM), M. Patrick Dejean, trésorier, et M. Jean-François Pilliard, délégué général

– M. Jean-Claude Mailly, secrétaire général de Force ouvrière (FO), et Mme Rose Boutaric, trésorière

– Philippe Rosay, président de l'Agefos-PME, M. Jean-Philippe Leroy, vice-président, et M. Joël Ruiz, directeur général.

Document n°3

Réponse du groupe La Poste à nos questions sur les dons philatéliques et leurs bénéficiaires :

Le timbre et les produits philatéliques sont des produits emblématiques du catalogue de La Poste : chaque année, plus de 3 milliards de timbres sont commercialisés, ce qui représente un chiffre d'affaires de plus de 1,5 milliard d'euros. La Poste exclut donc par principe toute mise à disposition gratuite de timbres, en interne comme en externe.

En dehors d'opérations de promotion de l'activité courrier et de la philatélie, qui sont de faible ampleur et strictement réglementées et contingentées, les directions du Groupe souhaitant disposer de timbres pour faire connaître les produits philatéliques ou les activités de l'entreprise en font l'acquisition, comme tout client externe, au prix public, auprès de Phil@poste qui est l'entité du Groupe dédiée à la production et la commercialisation des timbres. Ces mouvements sont tracés dans la comptabilité de Phil@poste.

Bien entendu, les salariés de La Poste, s'ils veulent disposer de timbres ou produits philatéliques, les acquièrent dans les mêmes conditions et par les mêmes canaux de vente que n'importe quel client particulier.

Quelques cadres dirigeants de La Poste qui, par leur fonction, sont en position de représenter l'entreprise sur le plan commercial ou institutionnel, sont destinataires d'échantillons de certaines productions philatéliques en quantités extrêmement limitées : quelques unités de chaque timbre du programme philatélique.

Les plus hautes autorités de l'État (président de la République, Premier ministre, ministres de tutelle de La Poste), qui, par leur fonction, jouent en certaines circonstances le rôle d'« ambassadeur » de La Poste et des produits postaux, bénéficient pour cette raison des mêmes envois, avec les mêmes règles de contingentement.

Les conventions internationales du secteur prévoient également une mise à disposition des timbres à l'Union postale universelle.

L'ensemble de ces mises à disposition gratuites d'échantillons est très précisément tracé. En aucun cas, les organisations syndicales ne sont donc destinataires à titre gratuit de timbres. Jusqu'en 2011, Phil@poste a pu, dans le cadre des opérations de vœux de fin d'année, adresser à ses principales parties prenantes internes et externes (dont les organisations syndicales représentatives au niveau national participant aux instances de Phil@poste) un exemplaire d'une publication philatélique (typiquement : le « Livre des timbres » de l'année). Cette pratique n'a désormais plus cours.

Les règles d'attribution des timbres et produits philatéliques entrent dans le cadre normal d'une politique d'image et de valorisation des produits de La Poste, à l'instar de ce que pratique toute entreprise commerciale. Ces règles sont définies pour respecter strictement les pratiques éthiques et les obligations juridiques et fiscales générales, en prenant en plus en considération le caractère particulier du timbre qui est une valeur fiduciaire.

La Poste est très attachée à l'application rigoureuse de ces règles, qu'elle a encore récemment rappelées et formalisées. La Poste en contrôle l'application, notamment par des audits et inspections internes. Si des pratiques contraires aux règles ou à l'éthique étaient établies, La Poste en sanctionnerait immédiatement les auteurs conformément à ses responsabilités particulières d'employeur et d'opérateur postal, et se réserverait la possibilité de saisir les autorités judiciaires compétentes.

Document n°4

Réponses de la direction générale de l'Agefiph à nos questions

Paris, le 27 août 2013,

Selon la Cour des comptes (rapport 2002), la direction de l'Agefiph versait à ses propres administrateurs près d'un demi-million d'euros chaque année, en particulier pour des frais dits d'« assistance ». La Cour notait que « dans le silence des statuts, un tel versement est dépourvu de base légale », et pointant le fait qu'il n'était « pas acceptable qu'aucune pièce justificative probante ne soit fournie par les bénéficiaires ». Devant ce constat, on pouvait s'attendre à ce que l'Agefiph revienne sur ses pas, mais elle a préféré entériner le principe de cette rémunération dans les statuts. Avez-vous reçu un accord du ministre de tutelle pour le faire ? Et les justificatifs ont-ils aujourd'hui une qualité plus probante ?

Il convient de rappeler en premier lieu que c'est au regard des importantes évolutions qu'a connues l'Agefiph depuis sa création – lesquelles ont naturellement influé sur les modalités d'exercice de la fonction d'administrateur, rendue de plus en plus complexe et exigeante, en particulier en termes d'expertise et de disponibilité – qu'elle a mis en œuvre historiquement un dispositif de prise en charge de missions d'assistance auprès de ses administrateurs.

Un dispositif mis en place qui, en 2001, avait été soumis à l'Inspection générale des affaires sociales et avait reçu sa validation.

Néanmoins, à l'occasion de contrôles postérieurs, la Cour des comptes a engagé l'Agefiph à apporter à ce dispositif de nouvelles adaptations.

Soucieux de conformer sa gouvernance aux préconisations de la Haute juridiction, le Conseil d'administration de l'Agefiph a fait en sorte que les besoins de l'exercice de leur mission par ses administrateurs soient encore davantage encadrés.

C'est là l'objet de la modification des statuts à laquelle vous faîtes référence.

Pour plus de précision, il faut noter que cette décision tendant à « clarifier le cadre des remboursements de frais engagés par les organisations siégeant au conseil d'administration de l'Agefiph » a motivé le choix de Monsieur Xavier Bertrand, alors Ministre du travail, dans un courrier en date du 21 juillet 2011, d'« agréer la modification des statuts de l'Agefiph », estimant que « cette modification répond aux remarques formulées par la Cour des Comptes dans son relevé d'observations provisoire de 2009 ».

La Cour de comptes a noté aussi que les versements de l'Agefiph étaient le plus souvent réalisés en direction de structures liées au patronat, redoutant qu'ils servent à financer ses syndicats. Est-ce que les choses ont changé désormais ?

Depuis 2005, l'Agefiph est soumise aux règles de la commande publique qui résultent de l'ordonnance du 6 juin 2005 relative aux marchés passés par certaines personnes publiques ou privées non soumises au code des marchés publics.

A ce titre, les organismes que l'Agefiph finance pour mettre en œuvre les dispositifs et les prestations qu'elle définit en direction des personnes handicapées et des employeurs sont sélectionnés dans le cadre de procédures transparentes.

Ce faisant, l'Agefiph se conforme aussi bien à des règles de droit qu'à des principes de bonne gestion ; ces mêmes principes qui conduit son Conseil d'administration à se doter d'un comité d'audit.

BIBLIOGRAPHIE

Alezart (Gérard), *Faut-il réinventer le syndicalisme ?*, L'Archipel, 1997.

Alves de Seixas (Jacy), *Mémoire et oubli – Anarchisme et syndicalisme révolutionnaire au Brésil*, MSH, 1992.

Andolfatto (Dominique) et Labbé (Dominique), *Toujours moins ! – Déclin du syndicalisme à la française*, Gallimard, 2009.

Andolfatto (Dominique), *Histoire des syndicats (1906-2006)*, Seuil, 2006.

Andolfatto (Dominique) et Labbé (Dominique), *Un demi-siècle de syndicalisme en France et dans l'Est*, Presses universitaires de Nancy, 2000.

Attali (Michaël), *Le Syndicalisme des enseignants d'éducation physique*, 1945-1981, L'Harmattan, 2005.

Auger (Jean), *Syndicalisme des autres, syndicats d'Europe*, L'Atelier, 1989.

Ayache (Albert), *Le Mouvement syndical au Maroc*, L'Harmattan, 2000.

Bauchard (Philippe) et Bruzeck (Michel), *Le Syndicalisme à l'épreuve*, Robert Laffont, coll. « Le monde qui se fait », 1976.

Baumard (Maryline) et Blanchot (Michel), *La Crise du syndicalisme*, Hatier, 1997.

Beaucoudray (Jean), *Syndicalisme d'hier et d'aujourd'hui – Sauvegarde et promotions des métiers*, Hommes et Métiers, 1969.

Bernard (Guillaume) et Deschodt (Jean-Pierre) (sous la direction de), *Les Forces syndicales françaises*, PUF, 2010.

Bernier (Colette), Jobert (Annette), Rainbird (Helen) et Saglio (Jean), *Formation, relations professionnelles et syndicalisme de la société-monde*, L'Harmattan, 2003.

Beroud (Sophie), *Politiques du syndicalisme – Perspectives françaises*, Textuel, 2008.

Besnard (Pierre), *L'Éthique du syndicalisme*, CGTSR, 1938.

Blanchot (Michel) et Baumard (Maryline), *La Crise du syndicalisme*, Hatier, 1993.

Blondeau (Yves), *Le Syndicat des correcteurs de Paris et de la région parisienne, 1881-1973*, Bulletin des correcteurs, 1973.

Bothereau (Robert), *L'Histoire du syndicalisme français*, 1945.

Boual (Jean-Claude), *Syndicalisme, quel second siècle ?*, L'Atelier, 1995.

Boudesseul (Gérard), *Vitalité du syndicalisme d'action : la CFDT Basse-Normandie*, L'Harmattan, 1996.

Bouvier (Jeanne), *Mes mémoires – Une syndicaliste féministe*, Maspero, 1988.

Broignard (Benoît) et David (Anne-Sophie), *Syndicats filous, salariés floués*, Max Milo, 2012.

Brovelli (Lydia), Régin (Tania) et Wolikow (Serge), *À l'épreuve de l'État*, Syllepse, 2002.

Brulin (Göran) et Durand (Jean-Pierre), *Le Syndicalisme au futur*, Syros-La Découverte, 1996.

Bruneteau (Bernard), *Les Paysans dans l'État – Le gaullisme et le syndicalisme agricole sous la Ve République*, L'Harmattan, 2000.

Brucy (Guy), *Histoire de la FEN*, Belin, 2003.

Bruzek (Maurice) et Bauchard (Philippe), *Le Syndicalisme à l'épreuve*, Robert Laffont, 1968.

Buisson (Étienne), *Le Parti socialiste et les syndicats*, Cahiers de la Quinzaine, 1907.

Bunel (Jean), *Pactes et agressions – Syndicalisme et relations professionnelles en Argentine*, CNRS, 1999.

Caire (Guy), *Les Syndicats ouvriers*, PUF, 1971.

Calan (Pierre de), *Les Professions, solutions à la crise du syndicalisme ?*, France Empire, 1965.

Chabot (Joceline), *Les Débuts du syndicalisme féminin chrétien en France (1899-1944)*, Presses universitaires de Lyon, 2003.

Challaye (Félicien), *Syndicalisme révolutionnaire et syndicalisme réformiste*, Félix Alcan, 1909.

Chambarlhac (Vincent), Ubbiali (Georges) *et al.*, *Épistémologie du syndicalisme – Construction disciplinaire de l'objet syndical*, L'Harmattan, 2005.

Charlot (Monica), *Le Syndicalisme en Grande-Bretagne*, Armand Colin, 1970.

Chérèque (Jacques), *La Rage de faire*, Paris, Balland, 2007.

Closets (François de), *Tous ensemble – Pour en finir avec la syndicratie,* Seuil, 1987.

Cohen (Denis), *Pour un syndicalisme durable – Entretien avec Pascal Pogam,* Le Cherche Midi, 2003.

Collectif, *Anarchisme et syndicalisme – Congrès anarchiste international d'Amsterdam* (1907), Monde libertaire, 1997.

Collectif, *Les Buts et l'organisation du syndicalisme révolutionnaire,* CGT-SR, 1936.

Collectif, *Cahiers d'étude de l'automation et des sociétés industrielles,* n° 3, *Division du travail, classe ouvrière et syndicalisme,* CNRS, 1962.

Collectif, *Métiers, corporations, syndicalismes,* Presses universitaires du Mirail, Toulouse, 1996.

Collectif, *Le Syndicalisme dans la mondialisation,* L'Atelier, 2000.

Collectif, *Le Syndicalisme salarié,* Sirey, 2002.

Collectif, *Syndicalisme - Aide-mémoire du président de syndicat agricole,* FNSEA, 1957.

Collinet (Michel), *L'Ouvrier français – Esprit du syndicalisme,* Éditions ouvrières, 1952.

Couffignal (Georges), *Les Syndicats italiens et la politique,* Presses universitaires de Grenoble, 2000.

Couland (Jacques), *Le Mouvement syndical au Liban, 1919-1946,* Éditions Sociales, 1970.

Desanti (François), *Itinéraire rebelle,* Le Temps des cerises, Paris, 2004.

Descotes (Marc) et Robert (Jean-Louis), *Clefs pour une histoire du syndicalisme cadre,* L'Atelier, 1989.

Detœuf Auguste, *Construction du syndicalisme,* Gallimard, 1938.

Devin (Guillaume), *Syndicalisme : dimensions internationales,* Espace européen, 2000.

Diallo (Mid), *Guinée : pour un nouveau syndicalisme en Afrique,* L'Harmattan, 2000.

Dionne (Bernard), *Le Syndicalisme au Québec,* Boréal, 1991.

Dreyfus (Michel), *Liberté, égalité, mutualité : mutualistes et syndicalistes (1850-1967),* L'Atelier, 2001.

Dreyfus(Michel), Gautron (Gérard) et Robert (Jean-Louis), *La Naissance de Force Ouvrière – Autour de Robert Bothereau,* Presses universitaires de Rennes, 2003.

Duchemin (René-Paul), *Organisation syndicale patronale en France,* Plon, 1940.

Engels (Karl Marx Friedrich), *Le Syndicalisme II – Contenu et signification des revendications,* Maspero, 1972.

Farhang (Ghassemi), *Syndicalisme et mouvements politiques en Iran (1900-1953),* Zagros, 2007.

Ferry (Luc), *Les Nouveaux Défis du syndicalisme,* rapport n° 3, La Documentation française, 2007.

Fievet (Michel) et Tequi (André), *Un monde solidaire et sans frontière,* La Toison d'or, 2006.

Frossard (Ludovic-Oscar), *Du syndicat à la corporation,* 1942.

Fusulier (Bernard), *Ouvrier, usine et syndicalisme wallons,* Academia-Erasme, 2000.

Garcia (Raphaël), *Sortir du syndicalisme gaulois – Les dessous des cartes,* Éditions d'organisation, 2003.

Geay (Bertrand), *Syndicalisme enseignant*, La Découverte, 2005.

Georgi (Frank) et Prost (Antoine), *L'Invention de la CFDT, 1957-1970 – Syndicalisme, catholicisme et politique dans la France de l'expansion*, L'Atelier, 1995.

Geslin (Claude), *Le Syndicalisme ouvrier en Bretagne, jusqu'à la Première Guerre mondiale*, Espaces écrits, 1990.

Goetz-Girey (Robert), *La Pensée syndicale française, militants et théoriciens*, Armand Colin, 1948.

Guillon (Roland), *Les Syndicats dans les mutations et la crise de l'emploi*, L'Harmattan, 2000.

Hornn (Georges), *Syndicalisme et service public de la radio-télévision*, L'Harmattan, 1992.

Huc (Michel) et Husson (Didier), *J'y crois dur comme fer – Une autre vision du syndicalisme*, La Voûte, 2004.

Jouhaux (Léon), *Le Syndicalisme et la CGT*, Sirène, 1920.

Jouvenel (Henry de), *Pourquoi je suis syndicaliste*, Éditions de France, 1928.

Julliard (Jacques), *Autonomie ouvrière – Études sur le syndicalisme d'action directe*, Seuil, 1985.

Julliard (Jacques), *Fernand Pelloutier et les origines du syndicalisme d'action directe*, Seuil, 1985.

Karila-Cohen (Pierre) et Wilfert (Blaise), *Leçon d'histoire sur le syndicalisme en France*, PUF, 1998.

Kaspar (Jean), *Refondre le syndicalisme*, Gallimard, 2001.

Labbé (Dominique), *Syndicats et syndiqués en France depuis 1945*, L'Harmattan, 2005.

Labbé (Dominique) et Courtois (Stéphane), *Regards sur la crise du syndicalisme,* L'Harmattan, 2003.

Lambert (Nathalie) et Alix (Jean-Marie), *Jules Carrez, 1903-1985 – Convictions et engagements d'un instituteur dans le pays de Montbéliard (Doubs),* Belfort, Réalgraphic, 2003.

Landier (Hubert), *Demain, quels syndicats ?,* Le Livre de poche, 1981.

Lardin (Jean-Pierre), *Journal de grève,* CNT-RP, 2005.

Laubier (Patrick de), *Histoire et sociologie du syndicalisme,* XIXe-XXe *siècles,* Masson, 1985.

Le Bars (Loïc), *La Fédération unitaire de l'enseignement (1919-1935) – Aux origines du syndicalisme enseignant,* Syllepse, 2005.

Le Beon (Roger), *Le Syndicalisme politique en accusation,* DPF, 1975.

Le Bourre (R.), *Le Syndicalisme français dans la Ve république,* 1959.

Le Brun (Pierre), *Questions actuelles du syndicalisme,* Seuil, 1965.

Le Quentrec (Yannick), *Employés de bureau et syndicalisme,* L'Harmattan, 2000.

Lefranc (Georges), *Le Syndicalisme en France,* PUF, coll. « Que sais-je ? » n° 585, 1973.

Lefranc (Georges), *Le Syndicalisme dans le monde,* PUF, coll. « Que sais-je ? » n° 356, 1955.

Lefranc (Georges), *Le Mouvement syndical,* Payot, coll. « Bibliothèque historique », 1969.

Lefranc (Georges), *Les Expériences syndicales en France,* Aubier, 1950.

Lefranc (Georges), *Les Expériences syndicales internationales des origines à nos jours*, Aubier-Montaigne, 1952.

Lefranc (Georges), *Les Expériences syndicales en France de 1939 à 1950*, Aubier-Montaigne, 1952.

Lenglet (Roger), Mongermont (Christophe) et Touly (Jean-Luc), *L'Argent noir des syndicats*, Fayard, 2008.

Lenglet (Roger) et Touly (Jean-Luc), *L'Eau des multinationales – Les vérités inavouables*, Fayard, 2006.

Lenoir (Hugues) et Marais (Jean-Louis), *Syndicalisme et formation*, L'Harmattan, 2000.

Levard (Georges), *Chances et périls du syndicalisme chrétien*, Fayard, 1955.

Levinson (Charles), *Le Contre-Pouvoir multinational – La riposte syndicale*, Seuil, 1974.

Linhart (Daniel) et Kergoat (Jacques), *Transformation syndicalisme France*, La Documentation française, 1998.

Louis (Paul), *Histoire du mouvement syndical en France, 1789-1906*, Félix Alcan, 1907.

Louis (Paul), Le Syndicalisme français d'Amiens à Saint-Étienne, 1906-1922, Félix Alcan, 1924.

Magniadas (Jean), Le Syndicalisme de classe, Éditions sociales, 1996.

Maillard (Christophe), *Pierre Biétry (1872-1918) : du socialisme au nationalisme, ou l'aventure du leader des Jaunes à la Belle Époque*, thèse d'histoire, Paris X-Nanterre, sous la direction de Stéphane Courtois, 2005.

Manfredonia (Gaetano), *Anarchisme et changement social : insurrectionnalisme, syndicalisme*, Atelier création libertaire, 2007.

Marchal (André), *Le Mouvement syndical en France*, Bourrelier, 1945.

Marjolin (Robert), *L'Évolution du syndicalisme aux États-Unis*, Alcan, 1936.

Martin (Jean-Philippe), *Histoire de la nouvelle gauche paysanne, des contestations des années 1960 à la Confédération paysanne*, La Découverte, 2005.

Martinet (Gilles), *Sept syndicalismes : Grande-Bretagne, RFA, Suède, Italie, France...*, Seuil, 1979.

Marx, Engels, Lénine, *Sur l'anarchisme et l'anarcho-syndicalisme*, Éditions du Progrès, 1973.

Marx (Karl), *Syndicalisme*, tome 1, La Découverte, 1972.

Millot (Michèle) et Roulleau (Jean-Pol), *Cadres : bien gérer vos délégués – Le syndicalisme dans l'entreprise*, L'Harmattan, 2004.

Morder (Robi), Fischer (Didier), Monchablon (Alain) et Sabot (Jean-Yves), *Naissance d'un syndicalisme étudiant*, Syllepse, 2006.

Mourer (Robert), *Mineurs de charbon lorrain : dans l'histoire d'une région frontalière (1856-2004) – L'empreinte du syndicalisme chrétien*, Faïencité, 2005.

Mouriaux (René), *Le Syndicalisme en France depuis 1945*, La Découverte, 2006.

Mouriaux (René), *Le Syndicalisme en France*, PUF, coll. « Que sais-je ? », 2005.

Mouriaux (René), *Le Syndicalisme dans le monde*, PUF, 2007.

Olmi (Janine), *Oser la parité syndicale – La CGT à l'épreuve des collectifs féminins (1945-1985)*, Harmattan, 2007.

Ozanam (Charles), *Associations, syndicats et fondations – Leur formation et leur fonctionnement*, Sirey, 1947.

Pasteur (Paul), *Être syndiqué(e) à l'ombre de la croix potencée – Corporatisme, syndicalisme en Autriche, 1934-1938*, Presses universitaires de Rouen, 2002.

Pasture (Patrick), *Histoire du syndicalisme chrétien international – La difficile recherche d'une troisième voie*, L'Harmattan, 2000.

Patillon (Christophe) *et al.*, *Agone*, n° 33, *Le Syndicalisme et ses armes*, 2005.

Pelling (Henry), *Histoire du syndicalisme britannique*, Seuil, 1967.

Pesche (Denis), *Le Syndicalisme agricole spécialisé en France : entre la spécificité des intérêts et le besoin d'alliances*, Logiques politiques, 2000.

Philip (André), *Trade unionisme et syndicalisme*, Fernand Aubier, 1936.

Pigenet (Michel), Pasture (Patrick), Robert (Jean-Louis) *et al.*, *L'Apogée des syndicalismes en Europe occidentale, 1960-1985*, Publications de la Sorbonne, 2005.

Pinault (Henri), *Syndicalisme et démocratie dans l'entreprise*, L'Harmattan, 2000.

Poggioli (Morgan), *La CGT du Front populaire à l'État français (1934-1940) – De la réunification à la scission, de la scission à la dissolution*, thèse d'histoire contemporaine, université de Bourgogne, sous la direction de S. Wolikow, 2005.

Poperen (Maurice), *Syndicats et luttes ouvrières au pays d'Anjou*, 1964.

Portis (Larry) et Passevant (Christiane), *Le Syndicalisme révolutionnaire aux États-Unis*, nouv. éd., Spartacus, 2003.

Pouget (Émile), *Le Congrès syndicaliste d'Amiens*, CNT-RP, 2006.

Prigent (Alain) et Geslin (Claude), *Les Instituteurs des Côtes-du-Nord – Laïcité, amicalisme et syndicalisme sous la IIIe République*, Astoure, 2005.

Prost (Antoine) *et al.*, *Le Syndicalisme à mots découverts*, Syllepse, 1998.

Rater-Garcette (Christine), *La Professionnalisation du travail social – Action sociale, syndicalisme, formation, 1880-1920*, L'Harmattan, 1996.

Rebiffe (Jean), *Les Principes de l'économie rurale, du syndicalisme, du crédit, de la mutualité et de la coopération en agriculture*, Chartres, 1950.

Reymond-Sauvain (Pierre), *Le Syndicalisme en Suisse : son histoire, sa structure, ses objectifs, son activité*, Éditions générales, 1965.

Reynaud (J.-D.), *Les Syndicats en France*, Armand Colin, 1969.

Riottot (Yveline), *Joaquín Maurín : de l'anarcho-syndicalisme au communisme, 1919-1936*, L'Harmattan, 2000.

Rioux (Lucien), *Clefs pour le syndicalisme*, Seghers, 1972.

Rioux (Lucien), *Le Syndicalisme*, Seghers, 1972.

Robert (André D.), *Le Syndicalisme enseignant et la recherche – Clivages, usages, passages*, Presses universitaires de Grenoble, 2004.

Rosanvallon (Pierre), *La Question syndicale*, Calmann-Lévy, 1994, nouv. éd., Pluriel, 1999.

Rouillard (Jacques), *Le Syndicalisme québécois : deux siècles d'histoire*, Boréal, 2004.

Rouillard (Jacques), *Histoire du syndicalisme au Québec*, Boréal, 1991.

Sabot (Jean-Yves), *Le Syndicalisme étudiant et la guerre d'Algérie*, L'Harmattan, coll. « Logiques politiques », 2000.

Salleron (Louis), *Naissance de l'État corporatif : dix ans de syndicalisme paysan*, Grasset, 1942.

Sarembaud (Alain) et Gassin (François), *Les Médecins homéopathes français –Histoire d'un syndicalisme de 1932 à nos jours*, CEDH international, 2005.

Saudejaud (Carole), *Le Syndicalisme chrétien sous l'Occupation*, Omnibus, 1999.

Schwarz (Salomon), *Lénine et le mouvement syndical*, Spartacus, 1935.

Semyonova (Olga) et Haynes (Victor), *Syndicalisme et libertés en Union soviétique*, La Découverte, 1979.

Seznec (Erwan), *Syndicats, grands discours et petites combines*, Hachette, 2006.

Silvestre (Paul) et Wagret (Paul), *Le Syndicalisme contemporain*, Armand Colin, 1970.

Siwek-Pouydesseau (Jeanne), *Le Syndicalisme des fonctionnaires jusqu'à la guerre froide, 1848-1948*, Septentrion, 1998.

Siwek-Pouydesseau (Jeanne), *Le Syndicalisme des cols blancs*, L'Harmattan, 1996.

Tartakowski (Danielle) (sous la direction de), *Syndicats et associations – Concurrences ou complémentarités*, Presses universitaires de Rennes, 2006.

Tchernoff (J.), *Les Syndicats financiers*, Sirey, 1930.

Tessier (Jacques), *La CFTC – Comment fut maintenu le Syndicalisme chrétien*, Fayard, 1987.

Thuderoz (Christian), *La Boîte, le Singe et le Compagnon – Syndicalisme et entreprise*, Presses universitaires de Lyon, 1995.

Thwaites (James D.), *Travail et syndicalisme*, deuxième édition, Presses de l'université Laval, 2003.

Thwaites (James D.), Travail et syndicalisme – *Naissance et évolution d'une action sociale*, Presses de l'université Laval, 2002.

Tixier (Pierre-Éric), *Mutation ou déclin du syndicalisme ?*, PUF, 2005.

Tollet (André), *Ma traversée du siècle – Mémoires d'un syndicaliste révolutionnaire, VO éditions, 2003.*

Tomiche (Fernand-John), *Syndicalisme et certains aspects du travail en République arabe unie (Égypte), 1900-1967*, Maisonneuve et Larose, 1974.

Touly (Jean-Luc), avec Du Genestoux (Achille) et Lenglet (Roger), *Le Vrai Pouvoir d'un citoyen*, François Bourin, 2011.

Tozzi (Michel), *Syndicalisme et nouveaux mouvements sociaux – Régionalisme, féminisme, écologie*, L'Atelier, 1989.

Vakaloulis (Michel), *Le Syndicalisme d'expérimentation*, PUF, 2007.

Valla (Jean-Claude), *Les Cahiers libres d'histoire*, n° 11, *Georges Valois, de l'anarcho-syndicalisme au fascisme*, Librairie nationale, 2003.

Viannet (Louis), *Syndicalisme, les nouveaux défis – Entretiens du secrétaire général de la CGT avec Jean-Claude Poitou*, L'Atelier, 1995.

Vignaux (Paul) et Maire (Edmond), *De la CFTC à la CFDT, syndicalisme et socialisme – « Reconstruction », 1946-1972*, L'Atelier, 1989.

Wagner (Anne-Catherine), *Vers une Europe syndicale – Une enquête sur la confédération européenne des syndicats*, Éditions du Croquant, 2005.

Weber (Louis) et Robert (André D.), *Miroir du syndicalisme enseignant*, Syllepse, 2007.

Winnykamen (Maurice), *Quel avenir pour le syndicalisme ?*, Page après page, 2004.

Zimmern (Bernard), *La Dictature des syndicats*, Albin Michel, 2003.

Zirnheld (Jules), *Cinquante années de syndicalisme chrétien*, SPES, 1937.

INDEX

A

B

C

H

I

K

L

M

N

O

P

TABLE DES MATIÈRES

Cet ouvrage a été imprimé
en septembre 2013 par

CPI
FIRMIN-DIDOT

27650 Mesnil-sur-l'Estrée
N° d'impression : 117824